船舶智能数据建模与通信

刘　广　李向荣　邓小波　◆著

中国商业出版社

图书在版编目（CIP）数据

船舶智能数据建模与通信 / 刘广，李向荣，邓小波著. -- 北京：中国商业出版社，2024. 8. -- ISBN 978-7-5208-3052-2

Ⅰ. U664.8；U675.7

中国国家版本馆 CIP 数据核字第 202472SK33 号

责任编辑：王　彦

中国商业出版社出版发行

（www.zgsycb.com　100053　北京广安门内报国寺 1 号）

总编室：010-63180647　编辑室：010-63033100

发行部：010-83120835 / 8286

新华书店经销

廊坊市博林印务有限公司印刷

*

710 毫米 ×1000 毫米　16 开　12.5 印张　210 千字

2024 年 8 月第 1 版　2024 年 8 月第 1 次印刷

定价：58.00 元

* * * *

（如有印装质量问题可更换）

作者简介

刘广，男，现就职于共青科技职业学院，助教。毕业于宁波大学航海技术专业，在读硕士研究生学历。主要研究方向为航海技术。参编哈尔滨工程大学出版社《船舶避碰与值班》。

李向荣，男，现就职于共青科技职业学院，助教。毕业于武汉交通科技大学船舶通信专业，本科学历。主要研究方向为航海技术。

邓小波，男，现就职于共青科技职业学院，专职教师。毕业于武汉理工船舶驾驶专业，本科学历，主要研究方向为航海技术。

前　言

　　《船舶智能数据建模与通信》一书，深入探索了船舶智能化的核心技术和实践应用。从基础的数据采集技术到高级的数据建模方法，为读者提供了系统的知识框架。书中详细介绍了船舶数据通信系统的构建、数据加密与传输安全，同时深入讲解了智能导航系统、预测维护与故障分析，以及能效管理与优化等方面的知识。此外，还通过国内外成功案例，展示了智能数据在船舶领域的实际应用效果。本书内容丰富、结构清晰，不仅适合船舶智能化领域的专业人士阅读，也为对这一领域感兴趣的读者提供了宝贵的参考资料。通过阅读本书，读者将能够全面了解船舶智能化的最新发展动态和实践应用，为未来的创新发展奠定坚实的基础。

目　录

第一章　船舶智能化概述

船舶智能化的定义和重要性

一、船舶智能化概况

（一）航运业现状

航运业作为全球经济的重要组成部分，市场规模持续扩大。为了满足全球贸易的需求和大规模贸易的物流需求，船舶制造商不断推出大型、高效、多功能的船舶，提高航运业的运力。除了传统的散货、集装箱等货物外，航运业还不断拓展业务范围，涵盖液化天然气、特种货物等新兴领域，使得航运业的业务范围更加广泛。船舶在航行过程中可能产生油污，对海洋环境造成污染，国际海事组织（IMO）等机构制定了严格的船舶排放限制标准，要求船舶降低硫氧化物、氮氧化物等污染物的排放，航运业需要采取有效措施，如使用环保型燃料、安装油污回收装置等，来减少油污的排放。为了应对全球气候变化，航运业还需要采取措施以减少碳排放，包括使用低碳能源、提高船舶能效、优化航线规划等。

技术创新是航运业变革的重要动力，随着大数据、物联网、人工智能等技术的应用，加速了航运业的智能化、自动化发展，利用大数据和物联网技术，可以实现船舶的实时监控和智能控制，提高船舶的航行效率和安全性；通过引入自动化设备和系统，可以实现码头的自动化操作，提高货物的装卸效率和减少人力成本；利用信息技术手段，可以实现航运业的数字化管理，包括船舶调度、货物跟踪、财务结算等，提高管理效率和降低成本。

（二）船舶智能化的重要性

船舶智能化引入了先进的自动化航行控制系统，提高了运营效率和安全性。船舶智能化引入包括船舶的自动导航、自动避碰等功能，降低了人为操作错误的风险，提高了航行的安全性和稳定性，减少了船员的工作负担，使得船舶在更短的时间内完成航行任务；智能化的船舶管理系统能够实时监控船舶的运行状态，包括燃油消耗、设备运行状态等关键数据，通过数据分析，船舶管理系统可以优化航行路线，降低燃油消耗和排放，提高经济效益；智能化管理还能够预测设备故障，提前进行维护，避免因设备故障导致的航行延误和成本增加，智能化的船舶配备了各种传感器和监控设备，能够实时监测船舶的运行状态和外部环境，及时发现潜在的安全隐患，如设备故障、海洋气象变化等，并采取相应的措施，确保船舶的安全运行，智能化的故障诊断和预警系统可以对船舶的设备进行实时监测和诊断，一旦发现设备异常或故障，系统会立即发出预警，提示船员采取相应的措施，这种及时的故障诊断和预警能够避免事故的发生，保障船舶和船员的安全；智能化的船舶可以根据实时的海洋气象、水流等信息，选择最佳的航行路线，这种优化航行路线的方式可以降低燃油消耗和排放，减少对海洋环境的污染；智能化的燃油管理系统可以实时监控船舶的燃油消耗情况，根据航行需求进行智能调节，这种智能调节能够降低不必要的燃油消耗和排放，进一步提高环保性能。智能化的船舶采用了先进的排放控制技术，如脱硫、脱硝等，这些技术能够显著降低船舶的燃油消耗和排放，进一步减少对海洋环境的负面影响。

智能化的船舶集成了各种传感器和信息系统，能够收集并传输大量的数据，这些数据为航运业的数字化转型提供了重要的支持，使得航运业能够更加精准地掌握船舶的运行状态和市场需求等信息。智能化的船舶可以与岸基管理系统实现无缝对接，实现船舶信息的实时共享和协同管理，这种无缝对接提高了整个航运链的协同效率和智能化水平，使得航运业能够更加高效地为客户提供物流服务。通过智能化技术，航运业能够提供更加高效、便捷、智能的物流服务，这种提高服务质量的方式不仅提高了客户满意度，还增强了航运业的市场竞争力，智能化技术还能够为航运业提供更多的商业机会和创新空间，推动航运业的持续发展。

船舶智能化配备了先进的通信和定位技术，可以实时向物流管理系统发送船舶的位置、速度和预计到达时间等信息，这使得货物的物流状态变得透明可见，无论是货主、贸易商还是物流服务商，都能准确掌握货物的运输进度，实现了货物的实时追踪和预测。在港口和装卸区，智能化的船舶可以与自动化装卸设备无缝对接，实现货物的自动化处理，这不仅提高了装卸效率，还减少了人为操作错误和货物损坏的风险。船舶智能化还促进了供应链的智能化协调。通过与供应链的各个环节（如供应商、生产商、分销商等）实现信息共享和协同工作，可以优化库存水平、降低库存成本，并提高供应链的响应速度和灵活性。

船舶智能化推动了多式联运平台的建设。这些平台利用大数据、云计算等先进技术，将不同交通方式的运输信息整合在一起，实现了信息的共享和协同管理。这使得航运业可以与其他交通方式无缝对接，实现货物的快速运转和无缝衔接。智能化的船舶可以根据货物的特性和市场需求，灵活选择与其他交通方式组合的方式。例如，在长途运输中，可以选择海运与铁路联运；在短途运输中，可以选择海运与公路联运。这种灵活多变的运输组合可以最大限度地满足客户需求，提高运输效率。船舶智能化推动了船舶设计与建造的创新。通过引入先进的自动化和智能化技术，可以实现船舶设计的自动化和优化。同时，智能化的建造过程可以实时监控建造进度和质量，确保船舶的性能和可靠性。智能化的船舶管理系统可以实时监测船舶的运行状态，包括燃油消耗、设备运行状态等关键数据。通过数据分析，可以预测设备故障并提前进行维护，降低运营风险。此外，智能化的运营系统还可以优化航行路线和货物配载，降低燃油消耗和排放，提高经济效益。船舶智能化推动了航运业服务模式的创新。通过引入智能化技术和服务模式，航运业可以提供更加个性化、便捷、智能的物流服务。例如，通过智能客服系统可以实时响应客户需求并提供解决方案；通过智能调度系统可以优化船舶运行计划并降低运营成本。这些创新的服务模式不仅提高了客户满意度和忠诚度，还为航运企业带来了新的收入来源和增长点。

（三）智能船舶的发展概述

国际海事组织（International Maritime Organization，IMO）于2006年5月通过了E-Navigation相关工作项目，E-Navigation成为最早期的智能船舶概念，即利用电子信息技术协调船岸通信和导航信息，实现船舶、船岸和岸端之间信息互通，促进海洋环境保护和船舶高效安全航行。智能船舶被IMO、国际标准化组织（International Organization for Standardization，ISO）等列为重要议题，国际船舶和航运业势必向船舶智能化方向发展，世界各大船级社也针对智能船舶发布了相关规范和指南文件。为加快建设海洋强国、制造强国、交通强国的战略目标，我国大力发展智能船舶技术，推动船舶工业高质量发展。2017年，工业和信息化部设立了高技术船舶科研专项"智能船舶1.0"；2018年，工业和信息化部、交通运输部与国防科工局联合编制了《智能船舶发展行动计划（2019—2021年）》；2019年，交通运输部等七部门联合印发了《智能航运发展指导意见》。

（四）智能船舶的分级

智能船舶的智能等级有着不同的划分方式。国际海事组织（International Maritime Organization，IMO）从规范出发，将智能船舶梳理为4个等级。罗尔斯·罗伊斯公司则根据自动化能力的不同将智能船舶划分为5个等级。英国劳氏船级社聚焦于新一代信息技术与船舶的结合，根据网络访问的权限，将智能船舶划分为6个等级。我国智能船舶自动驾驶等级与汽车类似，旨在平衡船员与船舶之间的主从关系。在充分借鉴国外智能船舶等级划分的基础上，从监视、控制和失效应对等方面出发，根据船员和控制系统在船舶运行中介入的程度，将智能船舶划分为辅助决策、部分自主、有条件自主、高度自主和完全自主5个等级（L1～L5），形成了一套中国特色的智能船舶等级体系。

从长远来看，智能船舶是船舶行业获得发展新动力的必经之路，智能船舶决定了各国船舶工业在未来船舶市场的地位，发展国内智能船舶的紧迫性显而易见。与欧美船舶制造大国相比，我国智能船舶相关产业虽然起步较晚，但发展迅猛。2015年3月1日，中国船级社（China Classification Society，CCS）发布的《智能船舶规范》正式生效，对设计方案、制造方式到运营管理的全生命周期都进行了规定，对我国智能船舶相关产业发展具有深远意义。在最新的《智能船舶规范》中，根据功能体系，智能船舶被整体划分为智能航行、智能船体、智能机舱、智能能效管理、智能货物管理以及智能集成平台六大功能模块。2017年12月，全球首艘通过CCS认证的散货船"大智"号智能船舶交付，实现了船舶总体性能状态监测，船舶安全状态评估和船舶能效分析等功能。智能船舶呈现出数字化、绿色化、商业化的发展趋势，并在发展过程中面临着人机平衡、法律规范、数据安全、行业协作等诸多领域的挑战。

二、船舶智能化的作用

（一）提高船舶运行效率

1. 航线优化与自动导航

利用大数据分析技术，船舶智能化系统可以实时分析海洋气象、水流、船舶性能等数据，为船舶规划出最优航线，这不仅可以减少航行距离，还能避免恶劣天气和危险区域，降低航行风险。船舶智能化系统通过集成高精度导航设备、雷达、红外线探测器等传感器，实现自动导航功能，系统能够自动调整航向、航速，确保船舶按照最优航线航行，减少人为操作误差，提高航行精度和效率。船舶智能化系统不仅能够在初始阶段规划出最优航线，还能在航行过程中根据实时变化的情况进行动态调整。例如，当遇到突发天气变化、交通拥堵或海上障碍物时，系统能够立即重新计算并调整航线，确保船舶能够安全、快速地到达目的地。

2. 货物管理与装卸自动化

船舶智能化系统可以实时监控货物的状态、位置、数量等信息，实现货物的智能管理。系统可以根据货物的特性、目的地等信息，自动优化货物的配载方案，提高船舶的装载率和运输效率。通过引入自动化装卸设备和技术，船舶智能化系统可以实现货物的自动装卸和搬运。这不仅可以提高装卸效率，还可以减少人力成本和人为错误的风险，进一步提高船舶的运行效率。船舶的装卸过程是影响运行效率的关键因素之一。通过引入自动化装卸设备和技术，船舶智能化系统可以实现货物的快速、准确装卸。同时，系统还可以与港口、物流公司等实现信息共享和协同作业，优化货物的运输和配送流程。这种物流协同的模式可以大大减少货物的转运时间和等待时间，提高整体运输效率。

3. 船舶维护与预测性维护

船舶智能化系统可以实时监控船舶设备的运行状态和性能参数，及时发现潜在故障并进行维修，系统还可以根据设备的运行历史和性能数据，自动制订维护计划和保养周期，确保船舶设备的正常运行和延长使用寿命。利用大数据分析和机器学习技术，船舶智能化系统可以预测设备的故障趋势和寿命周期。系统可以提前发出预警并给出维修建议，使船员能够提前进行维护，避免设备故障导致的停航时间，提高船舶的可用性和运行效率。船舶智能化系统的预测性维护功能可以实时监测船舶设备的运行状态和性能参数，并通过数据分析和机器学习技术预测设备的故障趋势和寿命周期。系统可以提前发出预警并给出维修建议，使船员能够提前进行维护，避免因设备故障导致的停航时间。这不仅提高了船舶的可用性和运行效率，还降低了维修成本和风险。

4. 船舶监控与远程管理

船舶智能化系统可以实时监控船舶的运行状态、设备状态、安全状况等信息，并将数据传输到岸基管理中心或远程监控中心，管理人员可以实时了解船舶的运行情况，及时发现潜在问题并采取相应的措施。通过远程监控和管理系统，管理人员可以远程控制船舶的航行、装卸、维护等操作。这不仅可以减少船员的工作负担，还可以提高管理的效率和准确性，进一步提高船舶的运行效率。

5. 数据驱动的决策支持

船舶智能化系统可以收集船舶运行过程中的各种数据，包括航行数据、货物数据、设备数据等，通过对这些数据的深度分析，可以发现运行中的问题和优化点。基于数据分析的结果，船舶智能化系统可以为船舶的航行、货物配载、维护等提供决策支持。这有助于船舶做出更合理的决策，提高船舶的运行效率。船舶智能化系统能够实时监控船舶的燃油消耗、排放等能效指标，并通过数据分析找出能效优化的空间。系统可以根据船舶的实际运行情况和环境条件，自动调整航行速度、发动机功率等参数，实现能效的最优化。这不仅降低了燃油消耗和运营成本，还有助于减少排放，实现绿色航运。

船舶智能化系统不仅提高了船舶的运行效率，还优化了船员的操作体验。系统可以提供实时的操作指导和建议，帮助船员更加准确地执行任务。同时，系统还可以记录船员的操作行为和数据，为船员提供个性化的培训和反馈。这种人员培训与操作优化的模式可以提高船员的工作效率和技能水平，进一步提高船舶的运行效率。

（二）保障安全性

1. 自动避碰与碰撞预警系统

船舶智能化系统将雷达与船舶自动识别系统（AIS）集成，实时获取周围船舶的位置、航向、航速等信息。当系统检测到潜在的碰撞风险时，会立即发出预警。利用先进的算法，系统能够分析船舶的航行轨迹和动态，预测碰撞的可能性，并在必要时自动调整航向或航速，避免碰撞。除了雷达和AIS，系统还可以集成红外线探测器、激光测距仪等多种传感器，实现全方位的障碍物检测和避碰。提高了船舶在复杂水域的航行安全性，减少了人为操作错误导致的碰撞事故，在能见度不良或夜间航行时，依然能够保持较高的避碰能力。

2. 实时监控与故障诊断

系统实时监控船舶的发动机、舵机、船体结构等关键部位的状态和性能，确保船舶的安全运行，采用高精度传感器，能够准确捕捉船舶的各种运行参数，如温度、压力、振动等，通过大数据分析，系统能够预测设备的故障趋势，提前发现潜在的安全隐患，降低了船舶因设备故障导致的安全风险，提高了船舶的可靠性和耐久性，减少了船舶因故障而停航的时间和成本。系统收集船舶的运行数据、维护历史等数据，通过机器学习算法分析设备的故障模式和寿命周期。根据分析结果，系统评估船舶各部件的风险等级，制订针对性的维护计划和风险管理策略。在某些情况下，系统可以自动进行简单的维护操作，如调整设备参数、清洁过滤器等。提高了设备的运行效率和可靠性，降低了因设备故障导致的安全风险，减少了船舶的维护成本和停机时间。

3. 船员培训与辅助决策

系统为船员提供实时的操作指导和建议，帮助他们更好地应对各种复杂情况，提高了船员的操作技能和应急处理能力。通过虚拟现实技术，系统为船员提供模拟训练环境，帮助他们熟悉船舶的操作流程和应急处理，降低了人为因素导致的安全风险。在紧急情况下，系统能够为船员提供最佳应急方案，辅助他们做出决策，增强了船员对船舶智能化系统的信任度和依赖度。

4. 网络安全与信息安全

系统采用先进的防火墙和入侵检测技术，防止恶意攻击和黑客入侵，保护了船舶和船员的信息不被泄漏或滥用。对重要数据进行加密存储和传输，确保数据的完整性和安全性，防止了恶意攻击和黑客入侵对船舶运行安全的影响。同时采用身份认证技术，防止未经授权的访问。系统记录所有用户的操作日志和安全事件，方便进行安全审计和追责，提高了系统的稳定性和可靠性。

5. 应急响应与救援支持

系统与岸基管理中心、救援机构等实现实时通信，确保在紧急情况下能够及时发出求救信号并接收救援指令，缩短了救援响应时间，提高了救援效率。系统提供实时位置信息、船舶状态信息、事故现场图像等关键信息给救援机构，帮助他们快速定位并展开救援，降低了事故造成的人员伤亡和财产损失。系统可以与救援机构共享资源和数据，实现协同作业，提高救援效率和成功率，增强了船舶应对紧急情况的能力。

三、船舶智能化系统构建

（一）船舶智能化系统的组成

船舶的智能化，集中体现在船舶已配置的智能系统。智能船舶系统涵盖了当前智能船舶的基础共性技术和关键核心技术，也是对船舶总体、动力、感知、通信、控制和人工智能等多学科交叉的集成创新能力展示。在中国船级社发布的相关指南中，将智能船舶系统功能分为8个部分，分别为智能航行、智能船体、智能机舱、智能能效管理、智能货物管理、智能集成平台、远程控制和自主操作，这些功能逐渐发展形成相应的子系统。但由于不同类型船舶的营运任务不同，所需要的智能系统功能也会有较大差异。以大型海洋运输船舶为例，这类船舶主要有液化天然气船、大型油轮、大型散货船和集装箱船等类型，共性特点主要表现为：船舶及货物附加值高、船舶吨位大、事故导致的后果或危害较大，并且这类船短期内对远程控制和自主操作功能的需求并不强烈。尽管如此，各类型船舶对智能船舶系统功能依然具有普遍共性需求，主要包括智能航行系统、智能机舱系统、智能能效系统和智能集成平台系统。

（二）船舶智能化系统的设备

在构建智能船舶系统总体方案之前，首先要根据船舶实际运营任务需求来配置各智能系统，结合船舶结构、机械设备布局、智能设备配置、船员操作规范和习惯等因素明确各智能系统的设备。

智能集成平台系统的主要设备有集成平台交换机、通信网关、服务器、防火墙、多计算机切换器和综合显示工作站等；智能机舱系统主要设备包括机舱状态监测系统软件、设备运行维护软件、机舱主要机械设备传感器、轴系振动数据采集箱和轴系油液监测箱等；智能能效系统主要设备包括智能能效服务器、报警监控系统、液位遥测、配电板、流量计和轴功率仪等；智能航行系统主要设备包括防火墙、不间断电源、气象工控机、通导交换机、航路服务器、航路系统交换机、视频图形阵列（Video Graphios Array，VGA）发送器/接收器、图像采集卡、图像服务器、DC 12 V和24 V电源、航行系统相关传感器和显示器等。

　　智能船舶系统设备的安装应在满足船舶电气设备安装规范的前提下，根据各智能系统的技术要求合理调整船舶结构并优化设备布置。

（三）船舶智能化系统的网络拓扑图

　　智能船舶项目根据不同船型和营运任务可以设计出不同的智能船舶系统，其智能系统设备及其布置、供电方式、通信协议和接口并不唯一。智能系统设备与实船设备关联集成，构建了各智能功能系统和集成平台系统，形成了智能船舶系统总体方案。智能航行系统是智能船舶系统的关键核心技术，融合了先进的传感和感知技术，配置气导、通导等智能导航设备，通过采集分析船舶航行环境、船舶状态、设备状态等数据信息，实现航线与航速的设计和优化、开阔水域自主航行、辅助避碰决策等功能。智能航行系统在一定程度上降低了船员的误操作和海损事故的发生率，提高了船舶航行的安全性。智能集成平台系统是智能船舶系统方案的框架基础，综合了智能系统集成、平台管理和船岸同步子模块等功能，实现船舶信息管理、智能航行、智能能效和智能机舱等功能系统的数据采集、存储、整合、交互、共享和展现。集成平台系统数据接口方案完整，具备开放性，可扩展新的智能系统并与岸端保持良好的数据交互。智能机舱系统是智能集成平台系统上的重要功能应用，不仅可以监测机舱主推进相关设备与系统的状态，还可以提供船舶设备优化使用、科学维护、全寿命周期管理等方面辅助决策支持。该系统基于机舱主要设备状态监测数据和集成平台整合的船舶设备运行数据，通过分析评估机舱各设备与系统的运行情况及健康状况，提出针对性的合理建议和预见性诊断，降低了机舱设备突发故障的概率和维护成本。智能能效系统集成在智能集成平台系统上，是一个营运经济性管理系统。智能能效管理可基于船舶航行状态信息和营运能耗的监测数据，对船舶装载状态、出行计划、能源使用状况等进行分析评估，提供能效/能耗评估报告、航线/航速优化、纵倾和配载优化等辅助决策支持。该系统为船员和船东提供了船舶能效监测、分析、评估、报告、报警与决策建议等服务，使船舶营运管理更高效、经济且环保。

船舶智能化的发展历程

一、船舶智能化早期探索阶段

2018年以前，主要是对智能船舶的初步探索和理论研究。船舶智能化的早期探索阶段是一个不断探索、尝试和创新的过程。通过自动化技术的深入融合、船舶信息系统的全面建立、船舶通信技术的革新以及船舶智能化理念的深化与实践，为后续的船舶智能化发展奠定了坚实的基础。2018年12月，我国工业和信息化部等三部门联合印发《智能船舶发展行动计划（2019—2021年）》，标志着智能船舶正式进入有规划的技术探索阶段。

（一）船舶自动化设备和系统的引入

随着船舶技术的不断发展，自动舵系统成为船舶自动化的重要一环。自动舵系统通过预设的航线参数和实时反馈的船舶位置信息，自动控制船舶的航向和航速。这一系统的引入极大地提高了船舶的航行稳定性和安全性。通过精确的算法和先进的传感器技术，自动舵系统能够实时调整船舶的航向和航速，以适应外部环境的变化。自动舵系统的引入不仅减轻了船员在航行过程中的操作负担，还提高了船舶的航行效率。船员可以将更多的精力投入船舶的监控和管理中，以确保船舶的安全运行。

在船舶自动化过程中，自动稳定系统的引入为船舶的安全航行提供了重要保障。该系统通过监测船舶的姿态和外部环境参数，自动调整船舶的倾斜角和航速，以保持船舶的稳定。自动稳定系统采用了先进的传感器技术和控制算法，能够实时监测船舶的倾斜角、俯仰角、横摇角等参数，并根据这些参数的变化自动调整船舶的姿态。同时，该系统还能够根据外部环境参数的变化，如风速、海浪等，自动调整船舶的航速和航向，以保持船舶的稳定和安全。同时，该系统还减少了船员在航行过程中的操作难度，提高了船舶的自动化水平。

除了自动舵系统和自动稳定系统外，船舶还引入了其他自动化设备和系统，如自动装卸系统、自动灭火系统等。这些系统和设备的引入进一步提高了船舶的自动化水平，减轻了船员的工作负担，提高了船舶的运行效率和安全性。例如，自动装卸系统能够自动识别货物的类型和位置，实现货物的自动装卸和堆放，大大提高了装卸效率。自动灭火系统则能够在火灾发生时自动启动灭火装置，及时控制火势，保护船舶和船员的安全。

（二）船舶控制系统的电子计算机化

在船舶控制系统电子计算机化的早期阶段，主要是将简单的计算机硬件和软件引入船舶的控制系统，这些系统通常用于基本的船舶操作，如发动机控制、燃油管理和航行轨迹的初步计算，电子计算机的引入使得这些操作更加精确和高效，同时也减少了船员的工作量和人为错误的可能性。随着电子计算机技术的不断进步，船舶控制系统开始进行全面的升级和改造，这一阶段，电子计算机不仅用于基础控制，还开始承担更复杂、更高级的任务，例如，船舶稳定性控制、自动导航、船舶故障诊断和预警等高级功能开始被集成到船舶控制系统中。电子计算机化的控制系统能够实时收集和分析船舶的各种数据，如航行速度、航向、船体姿态、外部环境参数等。通过这些数据，控制系统更加准确地预测和评估船舶的状态和性能，并作出相应的优化和调整，大大提高了船舶的航行效率和安全性。

在电子计算机化深入发展的基础上，船舶控制系统开始探索和实践智能化技术。智能化技术的应用使得船舶控制系统具备了更强大的数据处理和分析能力，能够更加准确地预测和评估船舶的状态和性能，并做出更加智能的决策和控制。例如，通过引入人工智能和机器学习技术，船舶控制系统可以自主学习和优化控制策略，根据船舶的航行历史和外部环境数据，自动调整和优化航行轨迹、航速和航向等参数，以实现更加安全、高效的航行。根据船舶的运行状态和数据，自动进行故障诊断和修复，提高船舶的故障处理能力和运行效率。

尽管船舶控制系统的电子计算机化带来了许多好处，但也面临着一些挑战。其中，技术标准的统一是一个重要问题。由于不同船舶和控制系统之间的技术差异较大，如何实现不同系统之间的无缝对接和数据共享是一个亟待解决的问题。为了解决这个问题，需要制定统一的技术标准和接口规范，促进不同系统之间的互联互通。在船舶控制系统的电子计算机化过程中，大量的船舶数据和船员个人信息被存储在计算机系统中。如何确保这些数据的安全性和隐私性是一个重要问题。为了解决这个问题，需要采取一系列的安全措施和技术手段，如数据加密、访问控制、安全审计等，确保数据的安全性和隐私性。

（三）船舶通信系统的建立与运营优化

1. 船舶通信系统的建立

在船舶运营中，建立一个高效、稳定的通信系统至关重要。这一系统的建立涉及多个方面，包括硬件设备的选型和安装、通信协议的选择和配置、网络架构的搭建等。船舶通信系统通常由多种通信设备组成，如无线电收发机、卫星通信设备、雷达、自动识别系统（AIS）等，这些设备的选择和安装需要根据船舶的航行区域、通信需求以及预算等因素进行综合考虑。为了确保不同船舶和岸基之间能够顺畅地进行通信，需要选择并配置合适的通信协议。这些协议可能包括国际海事组织（IMO）制定的相关标准和规范，以及各国和地区制定的通信协议。船舶通信系统的网络架构是信息传递的基础。这通常包括局域网（LAN）、广域网（WAN）以及互联网接入等部分，网络架构的搭建需要考虑船舶的实际环境和通信需求，以确保网络的稳定性和可靠性。

2. 船舶通信系统的功能

船舶通信系统的主要功能是为船舶间以及船舶与岸基之间的信息传递提供基础，这些功能使得船舶运营更加高效和便捷。通过船舶通信系统，不同船舶之间可以实时地交换航行信息、安全警告、货物信息等，信息交换有助于船舶之间保持紧密的联系，确保航行的安全和顺利。船舶可以通过通信系统向岸基发送航行报告、货物状态、维修需求等信息，岸基也可以向船舶发送指令、天气预报、航行建议等信息。这种双向的信息交流使得船舶的运营更加高效和便捷。在紧急情况下，船舶通信系统能够迅速地将紧急信息传递给其他船舶和岸基，有助于及时启动救援行动，减少事故的损失。

3. 船舶通信系统的优势

船舶通信系统的建立为船舶运营带来了诸多优势，这些优势体现在提高运营效率、增强安全性和提高便捷性等方面。通过实时的信息交流和指令传递，船舶可以更加高效地完成航行任务，船舶通信系统还可以帮助船舶优化航线、节省燃油消耗等，进一步提高运营效率。船舶通信系统能够及时传递航行信息、安全警告等，帮助船舶避免碰撞、搁浅等事故，在紧急情况下，船舶通信系统还可以迅速启动救援行动，确保船舶和船员的安全。船舶通信系统使得船舶与岸基之间的信息交流更加便捷。船舶可以随时向岸基发送货物状态、维修需求等信息，岸基也可以随时向船舶发送指令和建议，这种便捷性极大地提高了船舶运营的灵活性。

（四）船舶信息技术的核心发展

随着科技的不断发展，船舶通信技术不断创新，卫星通信和无线电通信技术的广泛应用，使得船舶间以及船舶与岸基之间的通信更加高效和可靠。提供了稳定的通信链路，支持数据传输的多样性和实时性。自动识别系统（AIS）的广泛应用，AIS通过船舶之间以及船舶与岸基之间的信息交换，实现了船舶的实时识别和追踪。通过AIS，船舶可以实时地发送和接收位置、速度、航向等航行信息，从而有效避免了碰撞的风险，提高了航行的安全性。

导航技术是船舶安全航行的关键。随着电子海图显示与信息系统（ECDIS）、全球定位系统（GPS）以及自动舵手等技术的应用，船舶导航技术实现了智能化和自动化。ECDIS通过电子海图显示船舶的实时位置和航行轨迹，为船舶提供了更加直观和准确的导航信息。GPS则通过卫星定位技术，为船舶提供了精确的位置信息，使得船舶能够准确地定位自身位置。自动舵手则能够根据船舶的航行计划和外部环境条件，自动调整航行轨迹和航速，确保船舶安全、准确地到达目的地。这些智能化导航技术的应用，不仅提高了船舶的航行安全性，还降低了船员的工作强度，提高了船舶的运营效率。

随着信息化技术的不断发展，船舶管理系统逐渐实现了集成化。这些系统能够实时监控船舶的运行状态、货物状态以及船员的工作情况，为船舶管理提供了全面的数据支持。通过集成化的船舶管理系统，船舶管理人员可以实时了解船舶的各项数据和状态，及时发现问题并进行处理。同时，系统还可以通过数据分析，为船舶运营提供优化建议，进一步提高船舶的运营效率。此外，集成化的船舶管理系统还能够实现与其他系统的互联互通，如与货物管理系统、船员管理系统等的集成，实现信息的共享和协同工作，提高船舶运营管理的效率和水平。

二、船舶智能化技术突破阶段

从2019年至2021年，这一阶段是智能船舶技术取得重要突破的时期。以"大智"号为代表的早期智能船舶在部分系统中实现了单一的智能化功能，具备了基本的智能特征。国际组织如国际海事组织（IMO）开始进行智能船舶定义和现有公约法规的梳理工作。中国等国家在智能船舶方面取得了显著进展，完成了全船智能化的架构设计，并重点突破了自主航行、态势感知等关键技术。

（一）自动化技术的应用

在船舶智能化技术发展的初级阶段，自动化技术的应用成为核心驱动力，极大地提高了船舶的操控效率和安全性，自动化技术主要集中在船舶的控制系统、动力系统和航行辅助系统上，随着技术的不断进步和应用领域的不断拓展，船舶智能化技术将继续向更高层次发展。在控制系统方面，自动化技术的应用使得船舶的操控更加便捷和精确。传统的船舶控制系统需要人工操作多个设备，而自动化控制系统则能够通过集中控制，实现船舶的自动导航、自动舵手、自动锚泊等功能。这些功能通过预设的航行计划和环境参数，自动调节船舶的航向、航速和姿态，确保船舶按照预定路线安全航行。在动力系统方面，自动化技术实现了船舶主机、辅机、发电机等的自动调节和监控。通过安装传感器和监测设备，自动化系统能够实时监测船舶的动力系统状态，包括燃油消耗、油温、油压等关键参数。当系统检测到异常情况时，自动进行故障诊断和报警，采取相应的措施，如自动切换备用发电机、自动调节燃油供应等，确保船舶动力系统的稳定运行。

航行辅助系统的自动化为船舶航行提供了更多的便利和安全保障。例如，雷达和红外线探测器的应用使得船舶能够实时感知周围环境，避免碰撞和搁浅等风险。同时，电子海图和GPS技术的应用也使得船舶能够准确定位自身位置，并规划最优航行路线。此外，自动避碰系统能够根据船舶的航行计划和周围环境信息，自动计算避碰路径，减少人为因素对航行的影响。自动化技术的应用还大大简化了船员的操作流程。通过集成化的控制系统和航行辅助系统，船员只需要进行简单的监控和调节工作，就能够确保船舶的安全航行。这不仅减轻了船员的工作负担，还提高了船舶的航行效率和安全性。

（二）智能化决策支持系统的建立

在船舶智能化技术发展的中级阶段，智能化决策支持系统的建立首先依赖于全面而准确的数据收集与整合。这些系统通过安装在船舶上的各种传感器、监测设备和通信系统，实时收集船舶运行状态、海洋环境信息、货物状态、船员工作记录等大量数据。同时，通过高效的数据处理和分析技术，将这些数据进行整合和清洗，为后续的决策支持提供可靠的数据基础。航行规划系统是智能化决策支持系统的重要组成部分。该系统能够利用收集到的海洋环境数据（如风浪、洋流、海冰等）和船舶性能数据，结合船舶的航行任务和目标，通过算法模型进行智能分析和预测。系统能够根据这些因素自动规划出最优的航行路线，减少航行时间和成本，提高船舶的运营效率。同时，航行规划系统还能够根据实时环境变化，动态调整航行计划，确保船舶的安全航行。

在中级阶段，船舶安全管理系统也得到了显著的提高。通过实时监控和数据分析技术，系统能够及时发现船舶运行过程中的安全隐患，如设备故障、结构损伤、船员操作失误等。系统能够对这些隐患进行智能分析和评估，为船舶管理人员提供预警和警报信息。同时，系统还能够根据历史数据和经验，提出针对性的预防措施和解决方案，帮助船舶管理人员及时消除安全隐患，确保船舶的安全航行。智能化决策支持系统还能够对船舶运行过程中的各种数据进行深入分析和挖掘。通过算法模型和大数据分析技术，系统能够发现数据之间的关联性和规律性，为船舶管理人员提供有价值的运营优化建议。例如，系统可以根据船舶的燃油消耗数据和航行路线数据，分析出更加节能的航行策略；系统还可以根据货物的装载和卸载数据，优化货物的配载和运输方案，提高船舶的装载率和运输效率。这些智能分析和优化功能使得船舶管理更加科学化和精细化。

智能化决策支持系统并不是完全取代人的决策过程，而是作为辅助工具和人进行协同工作。系统通过提供实时数据、预测结果和优化建议，帮助船舶管理人员更好地理解船舶运行状态和外部环境变化，从而做出更加准确和及时的决策。同时，系统还能够根据船舶管理人员的反馈和指令，进行自适应学习和优化，不断提高自身的决策支持能力。这种人机协同的工作模式使得船舶管理更加高效和可靠。

（三）自主航行技术的实现

在船舶智能化技术发展的高级阶段，自主航行技术的实现标志着船舶自主性和智能化水平的显著提高。这一技术突破的实现涉及多个关键方面的技术集成和创新。传感器与环境感知，自主航行技术的基础是准确的环境感知。通过搭载高精度传感器、雷达、激光雷达（LiDAR）、红外线探测器以及高清摄像头等设备，船舶能够实时获取周围环境信息，包括气象条件、水深、障碍物位置等。这些信息为船舶的自主决策提供了重要依据。例如：某型无人货船在航行过程中，通过其搭载的LiDAR和高清摄像头系统，能够精确感知航道内的障碍物，并自动规划避障路径，确保航行安全。自主航行技术依赖先进的人工智能（AI）算法和模型，对收集到的环境信息进行分析和处理，进而制定出最优的航行决策。AI模型基于历史数据、实时环境信息和船舶性能，预测未来的航行状态，自主调整航向、航速等参数。例如：一艘自主航行游艇在接到乘客的出行请求后，能自动规划出最优的航行路线，并考虑到风浪、水流等环境因素，实时调整航行计划，确保乘客的舒适度和安全性。自主航行技术中的高效自主控制系统，能够根据AI模型的决策，自动控制船舶的推进系统、舵机、锚泊设备等，实现船舶的自主航行。系统需要确保船舶的稳定性和安全性，同时优化航行效率。例如：一艘自主航行集装箱船在航行过程中，能够根据AI模型的决策，自动调整船速和航向，以适应前方水域的航道条件和风速变化，确保船舶按照预定时间到达目的地。

尽管自主航行技术实现了高度的智能化和自主性，但在某些复杂或紧急情况下，仍需要人为干预和协同。因此，高级阶段的自主航行技术还需要考虑人机协同和应急处理机制，确保在必要时能够切换到人工操作模式。例如：某型自主航行船舶在遭遇突发天气或设备故障时，能够自动启动应急处理程序，并通过远程控制系统或现场操作台，将控制权交还给船员，确保船舶的安全。目前，一些先进的船舶已经开始试验和应用自主航行技术，并取得了显著的成果。这些应用不仅提高了船舶的航行安全性和效率，还降低了运营成本，减少了人为因素对航行的影响。随着技术的不断成熟和法规的逐步完善，自主航行技术有望在更多领域得到应用和推广。

三、船舶智能化全面发展阶段

随着科技的飞速发展，船舶智能化技术正逐渐引领航运业，从2021年至今，智能船舶进入全面发展的新阶段。智能船舶的技术标准和工程应用开始形成统一的思路，多种技术实现方式、应用船型、应用场景都进行了不同程度的尝试。国内外对智能船舶的研究和实践不断深入，涉及船舶的智能化运行、管理、维护保养、货物运输等多个方面。预计到2025年和2035年，中国将分别实现数据综合应用的第一代智能船、部分自主与远程控制结合的第二代智能船以及全自主化的第三代智能船的发展目标。

（一）智能化技术在船舶设计、制造环节的广泛应用

在船舶设计阶段，智能化技术的应用让设计师们能够更快速、更准确地完成船舶的设计和模拟，计算机辅助设计（CAD）和计算机辅助制造（CAM）技术的运用，使得船舶的三维建模、结构分析和性能预测变得更加便捷和高效。通过模拟软件，设计师们可以模拟船舶在不同海况、载重条件下的性能表现，从而在设计阶段就发现并解决潜在问题，智能优化算法的应用也对船舶的结构、材料、动力系统进行优化，实现船舶性能的最大化。在船舶制造环节，智能制造技术的应用使得船舶制造过程更加高效和精准。智能机器人、自动化生产线等设备的使用，提高了船舶制造的自动化水平和生产效率，智能化的质量检测设备实时监控生产过程中的产品质量，确保船舶的制造质量符合标准。柔性制造系统的应用也使得船舶制造能够根据市场需求和订单变化，快速调整生产计划，实现柔性制造。

（二）智能船舶的商业化运营与广泛应用

智能船舶的商业化运营标志着航运业进入了一个新的时代。智能船舶利用先进的传感器和导航算法，实现自主航行和避碰，降低了人为失误的风险，提高了航行安全性。通过远程监控中心，可以实时监控船舶的状态，并在必要时进行远程操控，使得船舶运营更加便捷和高效。智能船舶的自主航行能力不仅提高了航行安全性，还使得船舶能够更加灵活地适应市场需求。智能航线规划系统能够根据海况、气象等信息自动规划最优航线，减少航行时间和燃油消耗，降低运营成本。同时，自动装卸系统的应用也提高了装卸效率，降低了人工成本。随着智能船舶技术的不断成熟和完善，智能船舶的市场需求持续增长。环保要求的提高和人工成本的上升使得传统船舶难以满足市场需求，而智能船舶以其高效、安全、环保的特点受到越来越多船东和航运企业的青睐。技术创新也为智能船舶的发展提供了更多可能性和机遇，使得智能船舶在未来航运业中的地位越来越重要。

（三）船舶智能化技术与其他领域的深度融合

船舶智能化技术的发展不仅限于船舶本身，还与其他领域的技术深度融合，为船舶运营提供了更多的创新思路和解决方案，物联网技术的应用使得船舶能够实时获取船舶状态、货物状态、环境信息等数据，并通过网络将这些数据传输到远程监控中心进行分析和处理。这为船舶运营提供了更加全面、准确的监控和管理手段，提高了船舶运营的效率和安全性。大数据技术

的应用也为船舶运营提供了更多的可能性，通过对大量船舶运营数据的挖掘和分析，可以发现船舶运营过程中的潜在问题和优化空间，为船舶运营提供科学的决策支持。同时，预测分析模型的应用也使得船舶能够预测未来的性能、油耗、维护需求等，提前制订应对策略，降低运营风险。跨领域合作也为船舶智能化技术的发展提供了更多机遇，与高校、研究机构等合作共同研发新的船舶智能化技术和解决方案，不仅可以推动技术的进步和创新，还可以为航运业的发展注入新的活力。同时，与其他产业的融合也可以拓展智能船舶的应用领域和市场空间，为航运业的转型升级提供更多可能性。

第二章　船舶数据采集技术

船舶上的传感器和数据采集系统

一、船舶上的传感器技术概述

（一）传感器的概念及其在船舶上的应用

传感器，作为一种能够将物理量或化学量等非电信号转换为电信号输出的装置，其工作原理基于各种物理效应。这些物理效应可以是机械的、光学的、电磁的等，它们使得传感器能够感知和测量各种外部信息。在船舶领域，传感器的作用尤为关键。它们不仅为船舶的控制系统提供了实时、准确的数据支持，还确保了船舶在复杂海况下的安全航行。从船舶的航行姿态、动力状态，到船体结构、货物管理，甚至船舶与海洋环境的交互，都离不开传感器的实时监测和数据反馈。

在船舶的各个系统和部件中，传感器都有着广泛的应用。例如，在船舶的推进系统中，传感器可以实时监测发动机的转速、温度、压力等参数，确保发动机在最佳状态下运行。在船舶的导航系统中，GPS传感器和罗经传感器为船舶提供了精确的位置和航向信息，使得船舶能够按照预定的航线航行。此外，在船舶的货物管理系统中，重量传感器和湿度传感器等可以实时监测货物的状态，确保货物的安全运输。随着船舶智能化的发展，传感器的作用更加凸显。通过大量的传感器数据采集和分析，船舶的智能管理系统可以实现对船舶状态的全面监控和预测，及时发现并处理潜在的安全隐患。同时，传感器数据还可以为船舶的能效管理和优化提供依据，帮助船舶实现更加经济、环保的航行。

（二）常见的船舶传感器类型

传感器类型在船舶系统中扮演着不同的角色，共同确保船舶的安全、高效运行。随着船舶智能化水平的不断提高，未来还将出现更多类型的传感器来满足船舶系统的需求。

液位传感器主要用于测量容器内液位的高度，在船舶系统中，液位传感器对于监测船舱和油舱的液位至关重要，能够帮助船员准确掌握货物的装卸情况和油舱的运作状态，这些传感器通过高精度的测量技术，确保船舶在各种航行条件下都能安全、高效地管理货物和燃油。压力传感器是一种用于测量介质压力的装置。在船舶系统中，压力传感器被广泛应用于监测水压、油压和气压等关键参数，这些传感器对于确保发动机和液压系统的正常运行至关重要，能够帮助船员及时发现并处理潜在的故障或异常情况。温度传感器用于测量介质温度，是船舶系统中不可或缺的传感器之一，它们主要用于监测冷却系统、发动机和润滑系统等关键部件的温度，以确保船舶系统的正常运行，通过实时监测温度变化，船员可以及时发现并处理过热或过冷等问题，防止设备损坏和事故的发生。航速传感器是船舶导航和控制系统中的重要组成部分，它们通过测量船舶的航速，为航行控制、自动舵控制等提供准确的数据支持，航速传感器通常分为旋转翼式传感器和压力式传感器两种类型，分别通过旋转翼产生脉冲信号或测量水流压力变化来计算船速。雷达传感器是船舶上用于探测周围障碍物的重要装备。它们通过发射电磁波并接收反射信号，来探测船舶周围的物体，为航行安全提供有力保障。船舶上常见的雷达传感器有X波段雷达、S波段雷达等，它们在不同频段下具有不同的散射效果和探测能力。GPS定位传感器是现代船舶不可或缺的定位装备。它们通过接收卫星信号，可以准确地确定船舶的经纬度坐标，为船舶提供高精度的导航数据，GPS定位传感器广泛应用于导航、避险、船位监控等多个领域，对于提高船舶的航行安全性和运营效率具有重要作用。气象传感器用于测量船舶周围环境的气象条件，包括温度、湿度、气压、风力等参数，这些传感器对于预测天气变化、制订航行计划以及保障航行安全具有重要作用，通过实时监测气象数据，船员可以及时调整航行策略，避免恶劣天气对船舶造成的影响。水文传感器主要用于测量水文参数，如水深、水温、盐度等。它可以帮助船长了解水域情况，制订更加精细化、高效化的航行计划。水文传感器在海洋工程、水资源调查等领域也具有广泛的应用价值。

（三）船舶传感器的工作原理和性能参数

1. 船舶传感器的工作原理

船舶传感器的工作原理核心在于其转换机制，传感器内部包含一个或多个敏感元件，这些元件能够直接感知外部环境中的物理量，如温度、压力、速度等。敏感元件将这些物理量转换为与之成比例的电信号，如电压、电流、电阻等，转换过程可能涉及物理效应（如热电效应、压阻效应等）或化学效应（如电化学传感器）。转换后的电信号通常较为微弱或不够稳定，因此需要通过信号处理电路进行放大、滤波、线性化等处理。这些处理步骤能够提高信号的信噪比，提高测量精度，并使得输出信号更易于被数据采集系统或控制系统所读取。

温度传感器，温度传感器基于热电效应或热敏电阻的阻值随温度变化的特性工作，当环境温度改变时，热敏电阻的阻值也随之变化，从而改变电路中的电流或电压，实现温度的测量。压力传感器，压力传感器利用压阻效应、压电效应或电容变化等原理测量压力，当压力作用于敏感元件时，敏感元件的电阻、电容或压电效应产生的电荷量会发生变化，进而转换为电信号输出。速度传感器，速度传感器通过测量物体的运动速度或旋转速度来工作。例如，多普勒效应传感器通过发射超声波并接收反射回来的信号，根据信号频率的变化计算物体的运动速度。

2. 船舶传感器的性能参数

通过选择合适的传感器进行有效的维护管理，可以确保船舶的安全航行和高效运营。通过综合考虑性能参数，船舶工程师可以选择合适的传感器来满足具体的应用需求，并确保船舶的安全航行和高效运营。性能参数包括：测量范围，是指传感器能够测量的物理量的最大值和最小值之间的范围。船舶传感器需要适应各种场景下的测量需求，因此测量范围的选择至关重要。测量精度，是指传感器测量值与真实值之间的偏差程度。精度越高，传感器输出的数据越准确可靠。船舶传感器通常需要具备较高的测量精度，以确保船舶的安全航行和高效运营。响应时间，是指传感器从感知到物理量变化到输出电信号所需的时间。响应时间越短，传感器对变化的响应速度越快。在船舶领域，快速响应的传感器对于及时发现和处理潜在的安全隐患至关重要。稳定性，是指传感器在长时间使用过程中性能的变化程度。稳定性好的传感器能够在各种环境下保持稳定的输出性能，减少因环境变化导致的测量误差。分辨率，是指传感器能够分辨的最小物理量变化。分辨率越高，传感器对微小变化的检测能力越强。在船舶领域，高分辨率的传感器能够更准确地监测船舶的运行状态和环境参数。抗干扰能力，是指传感器在复杂环境中抵抗外部干扰的能力。船舶上的传感器需要具备一定的防水、防尘、防腐等功能，以确保在恶劣环境下的正常工作，此外，电磁干扰也是船舶上常见的干扰源之一，因此传感器还需要具备一定的电磁屏蔽功能。工作温度范围，是指传感器能够正常工作的温度范围。船舶上的传感器需要适应各种气候条件下的温度变化，因此工作温度范围的选择也至关重要。防护等级，表示传感器对外界环境的防护能力。船舶上的传感器需要具备一定的防水、防尘、防腐等功能，以确保在恶劣环境下的正常工作。防护等级越高，传感器的耐用性和可靠性越高。可靠性，是指传感器在规定条件下和规定时间内完成规定功能的能力。可靠性高的传感器能够减少故障率和维修成本，提高船舶的整体性能。船舶传感器通常需要具备较高的可靠性，以确保船舶在长时间运行过程中的稳定性和安全性。功耗与能源管理，功耗是指传感器在工作时消耗的电能，在船舶应用中，低功耗的传感器能够延长船舶的续航能力，减少能源浪费。能源管理，是船舶传感器设计中的重要考虑因素之一，包括电源管理、节能模式等，以确保传感器在有限的能源供应下能够持续稳定地工作。

校准与校准周期，校准是指对传感器进行定期检查和调整以确保其测量精度的过程。校准周期取决于传感器的使用频率、环境条件以及测量要求等因素，船舶传感器需要定期进行校准以确保其测量结果的准确性和可靠性。

二、船舶数据采集系统架构

船舶数据采集系统的整体架构通常分为传感器网络、数据采集单元、数据处理中心、数据传输网络、数据应用层、系统管理与维护，在整体架构中，各个部分相互协作，共同实现船舶数据的采集、处理、传输和应用，并考虑系统的安全性、可靠性、实时性等方面的要求，确保数据采集系统的有效运行和船舶的安全航行。

（一）传感器网络

这是数据采集的起点。由大量部署在船舶各个关键位置的微小传感器节点通过自组织方式构成的分布式智能化网络系统，在船舶的各个关键位置部署不同类型的传感器，如温度传感器、压力传感器、速度传感器、液位传感器等，这些传感器能够实时感知并采集船舶运行中的各种物理量信息。传感器网络组成与结构包括：传感器节点，每个传感器节点都包含一个或多个传感器，用于感知和采集特定类型的物理量信息（如温度、压力、速度等），含数据处理单元、无线通信模块和能源供应（如电池）。网络拓扑，传感器节点通过无线通信方式相互连接，形成一个分布式网络，这种网络拓扑通常具有无中心和自组织的特点，使得传感器网络能够在无人值守的情况下自动组织起来，进行数据采集和传输。

传感器网络能够实时监测船舶运行过程中的各种物理量变化，为船舶管理人员提供实时的数据支持。传感器节点通常具有高精度的传感器和数据处理能力，能够确保采集到的数据准确可靠，节点之间的无线通信也采用了多种容错和冗余技术，以提高数据传输的可靠性。传感器网络采用分布式处理方式，将数据处理任务分散到各个节点上，提高了整个系统的处理能力和效率。传感器网络能够根据环境变化自适应地调整网络结构和参数设置，以适应不同的应用场景和需求，由于节点之间的无线通信具有灵活性，可以根据需要添加或删除节点，实现系统的可扩展性。实时船舶状态监测，通过部署在船舶各个关键位置的传感器节点，监测船舶的温度、压力、液位、振动等状态信息，为船舶管理人员提供实时的数据支持。环境监测，传感器网络还可以用于监测船舶周围环境的温度、湿度、风速等参数，为船舶的安全航行提供环境信息支持。实现智能控制，结合传感器网络和其他智能控制设备，实现船舶的智能化控制和管理，如自动调整航速、自动避障等。

由于传感器节点通常使用电池供电，因此如何有效地管理节点的能量消耗是一个重要的问题，未来的研究将致力于开发更高效的能源供应和节能技术。传感器网络在船舶数据采集系统中扮演着重要角色，其安全性和可靠性至关重要。未来的研究将关注如何提高传感器网络的抗攻击能力和容错能力。随着物联网技术的不断发展，传感器网络将向更高级别的集成化和智能化方向发展。未来的传感器网络将能够与其他智能设备无缝集成，实现更高级别的智能化应用。

（二）数据采集单元

数据采集单元（Data Acquisition Unit，DAQ），负责从传感器网络中接收原始数据。这些数据可能经过初步的预处理，并进行初步的处理和转换，如模拟信号到数字信号的转换、数据的简单滤波等。数据采集单元可以集中管理多个传感器，并将收集到的数据打包发送到下一级。数据采集单元首先接收来自传感器网络的原始数据，这些数据可能是模拟信号或数字信号，数据采集单元需要将其转换为适合后续处理的格式。在数据采集过程中，数据采集单元可能需要对原始数据进行一些预处理操作，如滤波、放大、模数转换等，以提高数据的准确性和可靠性。处理后的数据需要通过数据采集单元进行传输，数据采集单元通常具有多种通信接口，如RS232、RS485、CAN总线等，以便与不同的设备和系统进行通信。数据采集单元还可以将采集到的数据存储到本地存储器中，以便在需要时进行回放和分析。这些数据通常可以保存数天甚至数月的时间。

数据采集单元是船舶数据采集系统的性能和质量直接影响着整个系统的运行效果和应用价值，它不仅能够确保数据的准确性和可靠性，还能够提高数据处理的效率和精度。在选择和使用数据采集单元时，需要充分考虑其性能、可靠性、灵活性和可扩展性等因素。数据采集单元具有一定的灵活性和可扩展性，可以根据实际需求进行定制和扩展。随着船舶自动化和智能化水平的不断提高，数据采集单元的功能和性能也在不断提高。例如，现代数据采集单元可能具有更高的采样率、更大的存储容量、更丰富的通信接口以及更强大的数据处理能力。一些高级的数据采集单元还可能支持远程监控和控制功能，使得船舶管理人员可以更加方便地获取船舶运行数据并进行远程操作。

（三）数据处理中心

数据处理中心负责接收来自数据采集单元的数据，并进行更深入地处理和分析和存储。这可能包括数据清洗、校准、转换、压缩等步骤，以确保数据的准确性和可用性。为船舶管理人员提供决策支持，优化船舶运行效率。数据处理中心还负责将处理后的数据存储到数据库或云存储中，以便后续的数据分析和应用。数据处理中心通常由高性能的计算机服务器、数据库管理系统、数据分析软件等组成。服务器负责接收、处理和存储数据，数据库管理系统用于组织和管理数据，数据分析软件则提供强大的数据处理和分析能力。数据处理中心接收来自数据采集单元的原始数据，并对其进行清洗、转换、压缩等处理，以确保数据的准确性和可用性，对数据进行实时分析和挖掘，提取有价值的信息，处理后的数据需要被安全、可靠地存储起来，以便后续的分析和应用，据处理中心通常使用数据库管理系统来组织和管理数据，确保数据的安全性和可访问性。数据处理中心提供了丰富的数据分析功能，如统计、趋势预测、模式识别等，帮助船舶管理人员更好地理解船舶运行状态，发现潜在问题，并制定相应的优化措施。为了方便用户查看和理解数据，数据处理中心通常提供数据可视化功能，通过图表、图像等方式展示数据，用户可以更直观地了解船舶运行状态和数据分布情况。一些高级的数据处理中心还支持远程控制功能，通过远程连接，用户可以实时查看船舶运行状态、调整参数设置、发送控制指令等。

数据处理中心是船舶数据采集系统的核心组成部分之一。通过高效、准确地处理和分析船舶运行数据，为船舶管理人员提供决策支持，优化船舶运行效率。随着船舶数据采集量的不断增加，数据处理中心需要处理的数据量也越来越大，如何高效地处理和分析这些数据，提取有价值的信息，是数据处理中心面临的重要挑战之一。船舶运行状态需要实时监控和分析，因此数据处理中心需要具有高度的实时性，如何实现快速的数据处理和分析，是数据处理中心需要解决的关键问题之一。数据处理中心存储了大量重要的船舶运行数据，因此其安全性和可靠性至关重要。如何保障数据的安全性和可靠性，防止数据泄漏和损坏，是数据处理中心需要关注的重要问题之一。随着人工智能技术的不断发展，数据处理中心正朝着更加智能化的方向发展。通过引入机器学习、深度学习等先进技术，数据处理中心可以自动地进行数据分析、模式识别等任务，提高数据处理的效率和精度。

（四）数据传输网络

数据传输网络负责将传感器网络采集到的数据从数据采集单元传输到数据处理中心，以及将处理后的数据从数据处理中心传输到需要的应用或展示系统，并确保数据的实时性、安全性和可靠性。随着技术的不断发展，数据传输网络将变得更加高效、稳定和安全。传输方式可能包括有线网络（如以太网、串口等）和无线网络（如Wi-Fi、5G/4G等）。网络结构，物理层负责数据的物理传输，包括电缆、光缆等传输介质以及相应的接口设备。数据链路层负责将数据封装成帧，并进行差错控制和流量控制，确保数据在物理层上的正确传输。网络层负责将数据从源地址传输到目的地址，实现数据包的路由和转发。传输层负责提供端到端的可靠数据传输服务，确保数据在传输过程中的完整性和顺序性。应用层提供用户与网络之间的接口，以及数据的表示、加密、解密等功能。传输方式中，有线传输，通过电缆、光缆等物理介质进行数据传输。有线传输具有传输速度快、稳定性好等优点，但需要在船舶上铺设相应的线缆，增加了安装和维护的复杂度。无线传输，通过无线信号（如Wi-Fi、4G/5G等）进行数据传输。无线传输具有灵活性高、安装维护方便等优点，但在船舶上使用时需要考虑到信号覆盖范围、干扰等问题。

船舶数据采集系统要求数据传输网络具有安全性、可靠性、实时性。为了确保数据的安全传输，可以采用数据加密、访问控制、防火墙等安全措施。为了确保数据的可靠传输，可以采用数据备份、冗余设计等技术手段。船舶数据采集系统对数据传输的实时性要求较高，需要确保数据能够及时、准确地传输到数据处理中心。为了实现实时传输，可以采用高速传输技术、优化路由算法等措施。随着船舶数据采集量的不断增加和船舶智能化水平的不断提高，数据传输网络面临着更大的挑战和更高的要求。为了应对这些挑战，需要采用更加高效、稳定、安全的传输技术，如5G通信技术、物联网技术等。同时，还需要加强对数据传输网络的管理和维护，确保其能够持续稳定地运行。

（五）数据应用层

数据应用层是数据采集系统的最终应用环节，通过数据可视化、数据分析、远程控制等手段将处理后的数据提供给最终用户或系统使用为船舶管理人员提供决策支持，优化船舶运行效率。数据应用层可能包括监控中心、数据分析系统、控制系统等。

数据应用层提供最终数据结果，当数据经过整合、计算和处理后，数据应用层将这些结果提供给用户使用，这些结果可能存储在不同的数据库，如Mysql、HBase、Redis、Elasticsearch等，用户可以通过这些数据库方便地访问所需的数据。数据格式转换，数据应用层还负责将数据转换为适合用户或系统使用的格式，包括数据的编码、解码、解析和呈现等操作，确保数据的正确传输和解释。提供用户接口，数据应用层为用户提供与网络交互的用户界面和操作方式，使用户能够方便地访问和使用网络资源，包括图形用户界面（GUI）、命令行接口（CLI）或应用程序接口（API）等。不同的数据平台和应用场景有不同的数据需求，数据应用层针对这些需求进行相应的规划设计，以满足特定应用的需求，例如，电子邮件传输、文件传输、网页浏览、远程登录等都需要数据应用层提供相应的服务。数据应用层还负责对接收到的数据进行处理和解释，根据应用逻辑进行相应的数据处理、存储或转发操作。这可以涉及数据库操作、业务逻辑实现、应用程序间的通信等。数据应用层还提供了安全性和身份验证机制，以确保数据传输和通信的安全性和可信性。例如，通过加密算法来保证数据传输的安全性，使用身份验证和授权机制来保护网络通信的安全性。

随着数据量的不断增加和数据处理技术的不断发展，数据应用面临着越来越大的挑战。为了应对这一挑战，需要采用更加高效、安全、智能的数据处理技术，以提高数据处理的速度和准确性，同时保护用户数据的安全和隐私。此外，随着云计算、大数据、人工智能等技术的不断发展，数据应用层也需要不断适应新的技术趋势和应用场景，为用户提供更加优质、高效的数据服务。

（六）系统管理与维护

负责整个数据采集系统的配置、管理、监控和维护。确保系统的稳定运行，及时发现并解决系统故障。系统管理与维护通常由专业的系统管理员和维护工程师负责。系统管理与维护是确保系统稳定运行、优化系统性能以及保护系统数据完整性的重要工作。系统管理与维护是指在系统交付使用之后，为了改正错误、满足新的需求或优化系统性能而进行的修改、配置、监控、安全保障以及持续改进等一系列活动。明确管理系统的长期和短期发展方向，制定合理的发展规划和目标，为系统的建设、维护和优化提供指导。根据系统的实际需求，合理配置资源，包括硬件、软件、网络等，引进和培养具有专业知识和技能的人才，为系统的维护提供有力支持。建立监控机制和评估体系，对系统的运行情况进行实时监控和评估，及时发现问题和风险，采取有效措施进行处理，确保系统的稳定运行。加强系统的安全保障，防止黑客攻击、病毒侵袭等安全问题，定期对系统进行备份和恢复，确保数据的完整性和可靠性。根据系统的运行情况和用户反馈，持续改进和优化系统，提高系统的性能、稳定性和用户体验。

通过及时维护和修复系统故障，保证系统的稳定性和可靠性，降低因系统崩溃或故障带来的损失。加强系统的安全防护，防止外部攻击和内部泄漏，保护系统数据的安全和完整。通过对系统进行优化和调整，提高系统的处理速度和响应速度，提高用户体验。通过定期备份和恢复系统数据，防止数据丢失和损坏，确保系统数据的完整性和可靠性。随着技术的不断发展和系统的日益复杂，系统管理与维护面临着越来越大的挑战。为了应对这些挑战，需要不断学习和掌握新的技术和管理方法，提高系统管理与维护的水平和效率。随着云计算、大数据、人工智能等技术的广泛应用，系统管理与维护也呈现出一些新的趋势，如自动化、智能化、云化等。这些趋势将使得系统管理与维护更加便捷、高效和智能。

三、船舶数据采集技术的应用

随着船舶技术的不断进步和智能化水平的提高，数据采集技术已成为船舶运营和管理的关键组成部分。通过高效、准确的数据采集，船舶可以实现更高效的航行、更低的能源消耗、更安全的运行以及更精准的维护计划。

（一）船舶数据采集技术的主要应用领域

航行监控与安全管理，通过GPS、AIS等技术，实时收集船舶的经纬度、速度、航向等信息，实现实时位置跟踪，确保船舶按照预定航线安全航行。利用雷达、声呐等设备收集海洋环境数据，如水深、海浪、海流等，实现航行环境监控，为船舶提供准确的航行环境信息。基于AIS和雷达数据，实时分析船舶间的相对位置和速度，预测碰撞风险，并提前发出碰撞预警。

能源管理与节能减排，实时监测船舶主机的油耗、发电机组的电力消耗等，分析能源消耗情况，为节能措施提供依据。通过对船舶航行数据、能源消耗数据等的综合分析，评估船舶的能效水平，指导船舶进行能效优化。

设备状态监测与维护，实时状态监测，利用传感器网络实时监测船舶设备的运行状态，如温度、压力、振动等，及时发现潜在故障。故障诊断，基于历史数据和实时数据，利用机器学习算法对设备故障进行诊断，提前进行维修和更换。预测性维护，通过分析设备的历史运行数据，预测设备的维护周期和更换时间，制订科学的维护计划。船舶性能评估与优化，航行性能评估，根据船舶的航行数据，评估船舶的航行效率、稳定性等性能，为船舶设计和改进提供依据。能源效率优化，基于能源消耗数据和航行数据，优化船舶的航行参数，如航速、航线等，降低能源消耗。

（二）船舶数据采集技术的实现方式

建立传感器网络，在船舶的关键部位和设备上安装传感器，如温度传感器、压力传感器、流量传感器等，用于实时收集各种数据，传感器通过网络连接将数据发送到数据处理中心进行处理和分析。航行数据记录仪（VDR）专门用于记录船舶的航行数据，如位置、速度、航向等。VDR可以存储大量的航行数据，并在需要时提供给相关部门进行事故调查和分析。数据处理中心是船舶数据采集系统的核心部分，负责接收来自传感器和航行数据记录仪的数据。数据处理中心对数据进行清洗、整合、存储和分析，将结果提供给船舶管理人员使用。数据处理中心还可以对数据进行可视化展示，帮助船舶管理人员更直观地了解船舶的运行状态。

船舶数据的质量控制与预处理

一、数据质量控制

（一）数据完整性检查与校验

在船舶智能化应用中，数据的完整性是确保船舶状态监测、故障诊断和预测等功能正常运行的基础，数据完整性指的是数据是否齐全、是否包含所有必要的信息，如果数据不完整，可能会导致对船舶状态的误解或误判，进而影响船舶的安全和运营效率。在进行数据完整性检查时，首先要确保数据是否齐全。这包括检查数据是否包含了船舶运行所需的所有关键信息。例如，船舶的位置信息、速度数据、油耗记录以及各个设备的运行状态等，都是评估船舶整体状态所必需的数据。通过定期检查这些关键数据的完整性，可以及时发现数据缺失或遗漏的情况，并采取相应的措施进行补充或修复。

除了检查数据是否齐全外，还需要对数据的有效性进行校验。在数据传输过程中，由于各种原因（如传输错误、设备故障等），数据可能会发生错误或损坏。为了确保数据的正确性，需要使用校验算法或校验码来验证数据的完整性。这些校验方法可以通过比较数据的校验、校验位或其他校验信息来验证数据的正确性。如果发现数据存在错误或损坏，则需要采取相应的措施进行修复或重新采集。校验算法和校验码是确保数据完整性和有效性的重要工具。在船舶智能化应用中，可以使用各种校验算法和校验码来验证数据的正确性。例如，可以使用循环冗余校验（CRC）算法来生成校验盒，并将其附加到数据包的末尾。在接收端，可以通过重新计算接收到的数据包的校验和，并将其与原始校验和进行比较来验证数据的正确性。此外，还可以使用哈希函数等更复杂的算法来生成更强大的校验码，以进一步提高数据的完整性和安全性。

（二）数据准确性评估与校正

在船舶智能化应用中，数据的准确性是决策制定和故障诊断等关键功能的基础。数据的准确性直接关系到船舶运营的安全性、效率以及经济效益。如果数据不准确，可能会导致错误的决策和诊断结果，进而对船舶造成损失。因此，确保数据的准确性是船舶智能化应用中不可或缺的一环。评估数据的准确性是确保数据质量的关键步骤，通过比较不同来源的数据来评估其准确性。例如，船舶的位置数据可以通过GPS系统、雷达系统以及AIS系统等多个来源获取。通过比较这些来源的数据，我们可以发现其中的差异和潜在的不准确性。此外，我们还可以使用统计方法对数据进行分析，评估数据的准确性和可靠性。例如，通过计算数据的均值、标准差、变异系数等统计量，我们可以了解数据的分布情况，从而判断其准确性。对于评估出的不准确数据，进行校正以确保其准确性。校正不准确数据的方法有多种。一种方法是通过使用算法对数据进行修正。例如，对于船舶位置数据中的噪声和误差，我们可以使用卡尔曼滤波算法或粒子滤波算法进行平滑处理，以提高数据的准确性。另一种方法是重新采集数据。如果数据的准确性受到严重质疑，我们可以考虑重新采集数据以获取更准确的结果。此外，我们还可以与其他可靠数据进行比对来校正不准确的数据。例如，我们可以将船舶的位置数据与港口或灯塔等已知位置的数据进行比对，以校正不准确的位置数据。

数据准确性的评估和校正不是一次性的工作，而是一个持续改进和监控的过程。随着船舶智能化应用的发展和数据采集技术的进步，我们可能会发现新的数据质量问题或挑战，因此，需要定期检查和评估数据的准确性，并根据需要进行校正；同时，还需要建立数据质量监控机制，对数据的准确性和可靠性进行持续监控和评估，以确保数据的准确性和可靠性始终保持在可接受的水平。数据来源的多样性可能导致数据准确性的差异。不同的数据采集设备、传感器或系统可能会受到不同的环境、设备状态和操作条件的影响，从而产生不同的数据结果。为了评估这些数据的准确性，我们需要综合考虑多个数据源，并对它们进行交叉验证和比对。数据在传输和存储过程中也可能受到干扰或损坏，导致数据不准确。例如，网络传输中的丢包、延迟或噪声，以及存储设备的故障或损坏，都可能对数据造成影响。因此，需要对数据的传输和存储过程进行严格的监控和管理，确保数据的完整性和准确性。

当发现数据不准确时使用算法对数据进行修正、重新采集数据或与其他可靠数据进行比对等方法外，还需考虑数据滤波手段，通过应用滤波技术，如低通滤波、高通滤波或带通滤波等，去除数据中的噪声和干扰，提高数据的准确性；异常值检测与处理，使用统计方法或机器学习算法检测数据中的异常值，并对这些异常值进行处理，如替换、删除或插值等，以减少它们对数据准确性的影响；专家验证，对于关键数据或复杂情况，可以邀请专家进行验证和评估，以确保数据的准确性和可靠性。

（三）数据一致性维护与更新

在船舶智能化应用中，数据一致性是保障数据质量和决策可靠性的关键因素。数据一致性指的是数据在不同系统、不同时间点以及不同表现形式之间的一致程度。为了确保数据的准确性和可靠性，我们需要对数据的一致性进行维护和更新。在整个数据更新过程中，需要严格遵守相关规定和流程，确保数据的准确性和安全性，还需要与相关部门和人员保持密切沟通，确保更新工作的顺利进行。

制定数据标准。在船舶运营过程中，数据往往需要在多个系统和应用中共享和使用。如果数据在不同系统或不同时间点之间出现不一致，可能会导致信息混乱、决策失误甚至安全隐患。因此，我们需要采取一系列措施来确保数据的一致性，以保证船舶智能化应用的正常运行和决策的准确性。为了确保数据在不同系统之间的一致性，我们需要制定统一的数据标准。数据标准包括数据格式、命名规范、编码规则、数据字典等方面的规定。通过制定数据标准，我们可以确保不同系统之间能够正确地解析和共享数据，避免出现数据不一致的问题。

使用数据字典和元数据管理工具。数据字典是描述数据元素、数据结构、数据关系等信息的集合。通过数据字典，我们可以清晰地了解每个数据元素的含义、来源、用途等信息，从而确保数据在不同系统之间的一致性和准确性。此外，我们还可以使用元数据管理工具来管理和维护元数据，包括数据的来源、版本、访问权限等信息，以确保数据的可追溯性和可管理性。

随着时间的推移，一些数据可能会变得过时或不再准确。为了确保数据的时效性和准确性，我们需要定期检查和更新过时数据。这包括检查数据的时效性、有效性以及准确性等方面。对于过时或不再准确的数据，我们需要及时进行更新或删除，以确保数据的准确性和可靠性。在维护数据一致性的过程中，我们可能会遇到一些挑战，如数据源的多样性、数据格式的复杂性以及数据同步的延迟等。为了应对这些挑战，我们需要采取适当的措施，如建立数据质量监控机制、使用数据同步工具和技术以及加强数据管理人员的培训等。通过这些措施，我们可以有效地应对数据不一致性的挑战，确保数据的准确性和可靠性。

数据更新需要遵循的一般流程，准备阶段，明确需要更新的数据类型、范围和目的。收集、筛选和整理需要更新的数据和相关材料，确保它们符合内部规定、要求和流程。确保更新所需的操作系统、软件和硬件设备都处于良好状态，并评估更新过程中可能遇到的突发情况，制定应对措施。执行阶段，在进行数据更新之前，首先进行数据备份，以防更新过程中数据丢失或损坏。如果系统支持并发更新，需要确定并发更新操作的先后顺序，避免数据冲突。根据更新任务，按照预定的步骤和规则进行数据更新，确保更新的准确性和完整性。详细记录整个更新过程，包括更新时间、更新内容、执行人员等信息，以便后续回溯和审计。验证阶段，在更新完成后，对数据进行全面检查，确保更新后的数据是准确、完整且符合预期的。对更新后的系统进行全面测试，包括功能测试、性能测试和安全性测试等，确保系统能够正常运行并满足业务需求。发布阶段，按照指定的格式和流程，将更新后的数据发布到指定的系统或平台上，确保数据的及时性和可用性。通知所有与更新数据的相关方，包括其他系统、应用和用户等，确保他们能够及时获取和使用更新后的数据。

根据业务需求和数据变化情况，定期更新数据，确保数据的时效性和准确性。定期监控和检查更新系统，保持系统环境的稳定，及时发现并解决潜在问题。

（四）数据质量控制流程与规范

在船舶智能化应用中，数据质量控制是确保数据准确性和可靠性的重要环节。为了确保数据质量控制的有效性和一致性，我们需要制定详细的数据质量控制流程与规范。明确数据质量控制的目标。这包括确保数据的准确性、完整性、一致性、时效性和安全性等方面。只有明确了目标，我们才能有针对性地制定控制措施和评估标准。另外，我们需要确定数据质量控制的责任人和执行者。责任人通常是数据管理部门或数据质量管理团队的负责人，他们负责制定数据质量控制的策略和流程，并监督执行。执行者则是负责具体数据质量控制工作的人员，他们需要按照规定的流程和标准执行数据质量控制任务。

数据质量控制的流程和步骤：数据收集，明确数据来源，确保数据的原始性和真实性；数据清洗，对收集到的数据进行清洗，去除重复、错误或无效的数据；数据验证，对清洗后的数据进行验证，确保数据的准确性和完整性；数据转换，根据业务需求，将数据转换为适合分析和使用的格式；数据存储，将验证和转换后的数据存储到指定的数据仓库或数据库中；数据监控，定期监控数据质量，包括数据的准确性、完整性、一致性和时效性等；数据反馈，根据监控结果，向相关人员提供数据质量反馈，以便及时发现问题并进行处理。

建立数据质量控制的评估机制，评估机制是检验数据质量控制效果的重要手段。我们需要制定数据质量评估标准和指标，对数据质量进行定期评估，评估结果可以作为改进数据质量控制流程的依据，帮助我们发现和解决问题。反馈机制是确保数据质量控制持续改进的关键，建立有效的反馈渠道，收集用户对数据质量的反馈意见，对于用户反馈的问题，我们需要及时进行分析和处理，确保问题得到及时解决，将处理结果反馈给用户，提高用户的满意度和信任度。

通过实施有效的数据质量控制流程与规范，我们可以确保数据质量满足船舶智能化应用的需求，提高数据分析和决策制定的准确性和可靠性。同时，这也有助于提高整个组织的数据管理能力和竞争力。

二、数据预处理技术

（一）数据清洗

数据清洗是数据预处理的第一步，旨在去除数据中的噪声、错误和无效值。这包括识别并处理缺失值（如使用插值法、平均值填充等）、删除重复记录、纠正错误数据（如输入错误、逻辑错误等）以及处理异常值（如使用边界值替换、中位数替换等），数据清洗能够显著提高数据的准确性和一致性，为后续分析打下坚实基础。当数据集中某些字段的值缺失时，需要进行处理。常见的方法有：删除法，直接删除包含缺失值的记录。插补法，使用某种方法估计缺失值，如均值插补（使用该字段的平均值填充缺失值）、中位数插补、众数插补、K近邻插补（使用与缺失值所在记录相似的其他记录的该字段值进行插补）等。预测法，使用机器学习模型预测缺失值。

异常值通常是由于错误、异常事件或数据分布异常导致的。处理方法包括：识别异常值，可以使用统计方法（如IQR规则、Z-score等）或基于模型的方法（如DBSCAN、孤立森林等）来识别异常值。处理异常值，对于异常值，可以选择删除、替换为均值、中位数、众数，或使用更复杂的方法（如基于模型的预测）进行处理。对于数据集中的重复记录，需要识别并删除，这通常可以通过比较记录的所有字段来实现，或者通过为每条记录计算一个唯一标识符（如哈希值）来快速检测重复项。

（二）数据转换

数据转换涉及将数据从一种格式或结构转换为另一种格式或结构，以便更好地适应后续分析的需求。包括：数据类型转换，将原始数据转换为更适合模型处理的格式或类型，例如，可以将文本数据转换为数值型数据（如词袋模型、TF-IDF、Word2Vec等），或者将时间数据转换为时间戳格式，数据转换是数据转换可以使得模型能够更好地处理原始数据，提高预测性能。数据标准化（如将数据转换为统一尺度以便比较）以及数据离散化（如将连续变量转换为分类变量）。通过数据转换，可以确保数据符合分析模型的要求，提高数据分析的准确性和效率。

（三）数据集成

在船舶智能化系统中，数据往往来自多个不同的数据源。数据集成是将这些来自不同数据源的数据进行合并和整合的过程。这涉及解决数据冗余、数据冲突和数据不一致等问题。在集成过程中，需要考虑数据的格式、度量单位、编码方式等因素的一致性。如果数据之间存在冲突或不一致性，需要进行数据清洗和转换以消除这些差异。数据集成可以使得模型能够利用更多的数据来进行预测和分析。通过数据集成，可以形成一个统一、完整的数据集，为后续分析提供全面的数据支持。

（四）数据降维

在船舶智能化系统中，数据集往往包含大量的特征或变量。然而，并非所有特征都对分析目标具有重要影响。数据降维技术（如主成分分析、特征选择等）可以帮助我们识别并保留最具影响力的特征，同时去除冗余或无关的特征。这不仅可以减少计算成本，提高分析效率，还可以提高分析结果的准确性。特征选择是从原始特征集中选择出与目标变量最相关的特征子集。

这可以通过过滤法（如方差选择法、卡方检验等）、包装法（如递归特征消除等）、嵌入法（如基于树模型的特征重要性评估）等方法实现。特征选择可以减少数据维度，降低模型复杂度，提高模型泛化能力。特征构造是根据原始特征创建新的特征，以捕获数据中的更多信息。这可以通过组合、转换或聚合原始特征来实现。例如，可以计算两个特征的差值、比值、乘积，或者对时间序列数据进行聚合统计（如均值、中位数、最大值、最小值等）。特征构造可以丰富特征集，提高模型的预测能力。特征降维是将高维特征空间投影到低维空间中，同时保留数据中的主要信息。这可以通过主成分分析（PCA）、线性判别分析（LDA）、t-SNE等方法实现。特征降维可以降低数据维度，减少计算成本，同时有助于可视化数据分析结果。

（五）数据归一化

数据归一化是将数据转换为统一尺度或范围的过程。由于不同特征的数据可能具有不同的量纲和尺度，这可能导致某些特征在分析过程中被过度强调或忽略。通过数据归一化，可以消除量纲和尺度的影响，使所有特征在分析过程中具有相同的权重。这有助于提高数据分析的准确性和公平性。

（六）数据质量验证

数据质量验证是检查数据的完整性、准确性、一致性等质量指标是否满足要求。这可以通过统计方法（如计算缺失值比例、异常值比例等）或业务规则（如检查数据是否符合业务逻辑）来实现。数据质量验证可以确保数据的质量满足分析或建模的要求。业务逻辑验证是根据业务逻辑对数据进行验证，确保数据符合实际业务情况。例如，在船舶智能化中，可以验证船舶的位置数据是否在合理的海域范围内，或者验证船舶的速度数据是否符合物理规律。业务逻辑验证可以确保数据的准确性和可靠性，避免在后续的分析和建模中产生误导。

三、数据预处理在船舶智能化中的应用

（一）提高数据分析的效率和准确性

数据预处理在船舶智能化系统中通过去除噪声和错误、消除冗余、转换和归约数据以及提高数据质量和一致性等措施，数据预处理可以大大提高数据分析的效率和准确性，为船舶智能化系统提供准确、可靠的数据支持。

去除数据中的噪声和错误，去除噪声，数据中的噪声可能来自多种原

因，如传感器读数异常、数据传输错误或人为输入错误等，这些噪声数据如果未经处理就直接用于分析，可能会导致分析结果的偏差，数据预处理技术中的噪声消除算法（如小波去噪、阈值处理等）可以有效识别并去除这些噪声，提高数据的纯净度。去除错误，数据中的错误数据可能是由于系统错误、数据录入错误等原因造成的。错误数据会对分析结果产生严重影响，数据清洗是预处理的重要步骤，可以识别并纠正这些错误数据，例如通过设定合理的阈值或规则来检测并处理异常值。

消除冗余数据。在船舶智能化系统中，可能会从多个数据源收集数据，这些数据源之间可能存在重复或冗余的数据。数据预处理中的去重和集成技术可以消除这些冗余数据，减少数据存储和处理的负担。

数据转换和归约。原始数据可能具有不同的单位、格式或数据类型，这可能会给后续的分析和建模带来困难，数据预处理中的转换技术可以将这些数据转换为统一的格式和单位，使其更易于处理和分析，例如，可以通过数据标准化或归一化技术将数据转换为相同的尺度范围，以便进行比较和计算，在船舶智能化系统中，可能会收集到大量的数据特征，并非所有特征都对分析结果有重要影响，数据归约技术（如降维、特征选择等）可以帮助我们识别并保留最重要的特征，同时减少不相关或冗余的特征，降低数据分析的复杂度，提高分析结果的准确性。

提高数据质量和一致性。通过数据预处理可以确保数据的质量和一致性，这包括检查数据的完整性（确保数据没有缺失值）、准确性（确保数据没有错误）和一致性（确保不同数据源之间的数据相互一致），高质量的数据是准确数据分析的基础。优化数据分析流程，数据预处理还可以帮助我们优化数据分析流程。例如，通过数据清洗和归约技术减少数据的复杂性和冗余性，可以使得后续的分析和建模过程更加高效。此外，预处理后的数据更加符合数据分析的要求，可以减少数据分析过程中的错误和重复工作。

（二）支持船舶智能化决策系统

数据预处理确保数据准确性，在船舶智能化决策系统中，数据的准确性是决策制定的基础。数据预处理过程中的数据清洗和验证步骤，可以确保输入决策系统的数据是准确无误的。例如，通过去除噪声和异常值，可以消除由于传感器故障或数据传输错误导致的错误数据，数据清洗还可以识别并处理缺失值，避免因数据不完整而影响决策的准确性。数据验证也是确保数据准确性的重要环节。通过验证数据的来源、格式和范围等，可以及时发现并纠正数据中的错误。例如，验证船舶的位置数据是否在合理的海域范围内，或者验证船舶的速度数据是否符合物理规律。

数据预处理提高数据一致性，在船舶智能化决策系统中，数据的一致性同样至关重要。由于数据可能来自多个不同的数据源和传感器，它们之间可能存在格式、度量单位和编码方式等方面的差异。数据预处理过程中的数据转换和数据集成步骤，可以将这些数据转换为统一的格式和度量单位，消除数据之间的不一致性。具体来说，数据转换可以将不同格式的数据转换为统一的格式，例如将不同的时间格式转换为统一的UTC时间。数据集成可以将来自不同数据源的数据进行合并和整合，形成一个完整、统一的数据集。这样，决策系统就可以基于一致的数据进行分析和决策，避免因数据不一致而导致的错误或冲突。数据预处理可以提供高质量数据支持，经过数据预处理后，数据的质量得到了显著提高，为船舶智能化决策系统提供了高质量的数据支持。高质量的数据具有以下特点：准确性高、一致性好、完整性强、可靠性强。这样的数据可以支持决策系统更准确地分析船舶的运行状态、航行环境和设备性能等信息。例如，通过分析船舶的航行轨迹和速度数据，可以判断船舶是否处于正常航行状态；通过分析船舶周围的天气和水流数据，可以预测航行环境对船舶的影响；通过分析船舶设备的运行数据和故障记录，可以预测设备的故障概率和寿命等。这些分析结果为船舶的航线规划、设备维护和故障预测等决策提供了有力支持。

数据预处理优化决策流程，优化船舶智能化决策系统的流程，通过数据降维和归一化等技术，可以简化数据的复杂性和多样性，降低决策系统的计算成本和时间消耗，这有助于加快决策速度并提高决策效率。帮助决策系统更好地理解和解释数据中的模式和趋势，通过可视化技术和数据挖掘技术等方法，将数据中的信息以更直观、更易于理解的方式呈现出来，帮助决策者更好地理解数据背后的含义和规律，为决策制定提供更加明确和有针对性的依据。

（三）辅助船舶故障诊断与预测

船舶故障诊断与预测是确保船舶安全、可靠运行的重要措施。通过数据清洗、标准化与归一化、特征提取与优化以及趋势分析与模式识别等步骤，可以提高数据的准确性和可靠性，增强数据的可比性，降低计算成本和时间消耗，提高预测性能，这些都有助于船舶故障诊断与预测系统实现更精准地分析和预测，提高船舶的安全性和可靠性。在船舶智能化应用中，数据预处理技术发挥着至关重要的作用，通过提供高质量的数据支持，辅助船舶故障诊断与预测系统实现更精准地分析和预测。以下是关于数据预处理如何辅助船舶故障诊断与预测的详细展开：

数据清洗可以提高故障识别准确性，船舶设备的运行数据往往包含噪声、错误和异常值，这些数据会干扰故障诊断与预测的准确性。数据预处理中的数据清洗步骤可以去除这些无效数据，确保输入故障诊断与预测系统的数据是准确可靠的。数据标准化与归一化可以增强数据可比性，船舶设备的运行状态数据通常具有不同的量纲和尺度，这使得不同设备或不同参数之间的数据难以直接比较。数据预处理中的数据标准化和归一化技术可以将这些数据转换为统一的尺度，减少参数之间的量纲差距，使数据更加易于分析和处理。通过标准化和归一化处理，可以消除不同参数之间的相互影响，使得故障诊断与预测系统能够更准确地识别设备的异常状态和故障征兆。数据特征提取与优化提高预测性能，船舶设备的运行状态数据往往包含大量的特征参数，但并不是所有参数都对故障诊断与预测具有重要影响。数据预处理中的特征提取与优化技术可以帮助我们识别并保留最具影响力的特征参数，同时去除冗余或无关的特征。通过减少数据的维度和复杂性，可以降低故障诊断与预测系统的计算成本和时间消耗，提高预测性能。此外，通过优化特征参数的选择和组合，还可以提高预测模型的准确性和泛化能力。

数据趋势分析与模式识别辅助预测决策，经过数据预处理后的高质量数据，可以支持船舶故障诊断与预测系统进行更深入的数据分析和挖掘。通过趋势分析和模式识别技术，可以识别出船舶设备运行数据中的潜在规律和趋势，为预测决策提供有力支持。

第三章　船舶数据通信系统

船舶与船舶、船舶与岸基之间的通信技术

一、船舶通信的发展

船舶通信是指在海上航行中，通过不同的通信系统和设备，实现船舶与岸基、其他船舶之间进行信息交换和数据传输的技术。这些技术对于保障船舶的安全航行、提高航行效率以及加强船舶管理具有重要的作用。船舶通信必须遵循一系列精心制定的协议和标准，这些协议和标准不仅规范了通信的内容、格式和流程，还确保了不同船舶和岸基设备之间的兼容性和互操作性。

无线电通信在船舶上得到应用始于100多年以前，自1899年11月美国"圣保罗"号实现人类历史上第一次船舶无线电通信以来至20世纪90年代，船舶无线电通信技术发展比较缓慢——主要以人工摩尔斯电报为主。在20世纪70年代，电传、电话、传真等通信方式逐渐应用到船舶通信中，在地面通信系统中，窄带直接印字电报（NBDP）和无线电话（RT）技术在船舶通信中得到应用，卫星通信技术也偶有用之。1973年，政府间海事协商组织（IMCO）作出《关于发展海上遇险及安全系统的建议》的决议案，全球海上遇险与安全系统（GMDSS）于1992年开始实施，当时的先进通信技术被广泛地应用到船舶通信当中。在地面通信系统中，主要应用的通信方式是数字选择性呼叫（DSC）、窄带直接印字电报（NBDP）和单边带无线电话（SSB）。在卫星通信系统中，可以提供无线电传（Telex）、电话（Telephone）、传真（FAX）以及数据（DATA）传输等通信方式，但是国

际海事组织（IMO）只认可了Inmarsat中的Inmarsat-C系统提供的电传形式遇险与安全通信服务。Inmarsat-C系统属于窄带卫星通信系统，通信速率只有0.6 Kbps，常规通信也主要提供电传通信业务。目前，GMDSS认可的通信业务都是以电传通信为主，另外还有地面系统的单边带无线电话（SSB）业务。这些业务都属于窄带通信业务。

遵循国际海事组织（IMO）和国际电信联盟（ITU）等权威机构制定的船舶间通信协议与标准，对于确保通信的可靠性、安全性和效率具有重要意义。这些协议和标准不仅规范了通信的内容、格式和流程，还确保了不同船舶和岸基设备之间的兼容性和互操作性。通过遵循这些协议和标准，船舶可以实现准确、可靠、安全的通信，为航行安全、航行效率以及船舶间的协同作业提供有力保障。随着技术的不断进步和航海活动的日益复杂化，船舶间通信的协议与标准也在不断发展和完善。未来，我们可以期待更加高效、智能、安全的船舶间通信技术的出现，为海洋运输事业的发展注入新的活力。

二、船舶间通信的主要协议

（一）船舶自动识别系统（AIS）

AIS利用全球定位系统（GPS）和通信技术进行船舶定位、识别和信息交换，它通过船载设备自动发送船舶的静态信息（如船名、呼号、MMSI码等）和动态信息（如位置、航向、航速等），使其他船舶和岸基设备能够实时了解船舶的航行状态。AIS遵循国际海事组织（IMO）制定的国际海上人命安全公约（SOLAS）中关于船舶识别系统的要求，以及国际电信联盟（ITU）制定的相关无线电通信标准，这些标准规定了AIS设备的性能要求、信息格式、传输频率等关键参数，确保不同船舶和岸基设备之间的兼容性。AIS在船舶避碰、航行协调、海事管理等方面发挥着重要作用，它使得船舶能够实时获取周边船舶的航行信息，从而有效避免碰撞事故的发生。

（二）无线电通信技术

无线电通信技术是船舶通信的基础，通过无线电波进行信息传输。船舶可以使用甚高频（VHF）、高频（HF）等频段进行通信，实现与岸基、其他船舶之间的语音通话和数据传输。甚高频（VHF）无线电通信：VHF无线电通信是船舶间常用的一种通信方式，它使用甚高频段的无线电波进行通信，VHF无线电通信具有传输距离远、抗干扰能力强等优点，适用于海上远距离通信和紧急呼叫。VHF无线电通信遵循国际电信联盟（ITU）制定的无线电通信标准，如ITU-R M.1173等。这些标准规定了VHF无线电通信设备的性能要求、频率分配、调制方式等关键参数，确保不同船舶之间的通信质量和可靠性。VHF无线电通信在船舶间通话、紧急呼叫、船岸通信等方面有着广泛应用。它使得船舶之间能够直接进行语音通信，快速传递重要信息。

（三）卫星通信技术

卫星通信技术是船舶与岸基之间通信的关键技术之一，它把人造卫星作为中继站，实现全球范围内的通信覆盖。船舶可以通过卫星电话、卫星数据终端等设备，将语音、文字、图像和数据等多种类型的信息传输至岸基，同样也能从岸基接收信息。卫星通信技术的优势在于其广泛的覆盖范围，特别是在远洋航行和偏远海域，卫星通信往往成为唯一的通信手段。它不受地理位置和天气条件的限制，能够确保船舶在任何时候、任何地点都能与岸基保持联系。此外，卫星通信技术还具备较高的数据传输速率和较低的传输延迟，能够满足船舶对于实时通信的需求。船舶可以通过卫星通信系统传输大量数据，如船舶位置、航行状态、货物信息等，为船舶管理提供有力支持。

（四）船舶交通管理系统（VTS）

船舶交通管理系统（VTS）是一种综合的船舶与岸基通信技术系统，它通过集成雷达、无线电通信、AIS等多种技术手段，对船舶进行实时监控和管理。VTS利用雷达设备对船舶进行定位，通过无线电通信和AIS系统获取船舶的动态信息，如位置、航向、航速等。岸基操作员可以根据这些信息对船舶进行实时监控，确保船舶在港口和航道内的安全航行。VTS还可以提供船舶交通管理、船舶调度、船舶安全预警等服务。它可以帮助港口和海事部门提高船舶进出港效率，减少船舶碰撞和搁浅等事故，确保航行安全。

（五）网络通信技术

随着网络技术的不断发展，船舶与岸基之间的通信也逐步实现了网络化。通过建立船舶局域网和岸基互联网连接，船舶可以实时访问岸基的资源和服务。网络通信技术的应用使得船舶管理更加便捷和高效。船舶可以通过网络连接到船舶管理系统，实现船舶运行状态的实时监测、船舶维修支持的远程指导、航行信息的在线查询等功能。同时，岸基管理人员也可以通过网络对船舶进行远程监控和管理，提高船舶管理的效率和准确性。

（六）物联网（IoT）技术

物联网技术通过将船舶上的各种传感器和设备连接到互联网，实现了船舶状态的实时监测和远程操控。船舶上的传感器可以实时监测船舶的温度、湿度、压力、位置等参数，并将这些数据传输到岸基的数据中心。岸基管理人员可以通过对这些数据的分析，了解船舶的运行状态、货物状态等信息，从而做出更加精准的决策。物联网技术还可以实现对船舶设备的远程操控。例如，通过远程控制船舶的发动机、舵机等设备，岸基管理人员可以在必要时对船舶进行干预，确保船舶的航行安全。

三、船舶间通信的应用

航行安全，船舶间通信在航行安全方面发挥着重要作用，通过AIS设备，船舶可以实时获取周边船舶的航行信息，从而有效避免碰撞事故的发生，VHF无线电通信设备可以用于紧急呼叫和船岸通信，确保在紧急情况下能够及时获得救援和支援。航行协调，船舶间通信还可以用于航行协调，例如，在狭窄水道或繁忙航道中，船舶间可以通过通信协调航行计划，避免相互干扰和碰撞，通过通信还可以实现船舶间的信息共享，提高航行效率。海事管理船舶间的通信也是海事管理的重要手段之一，海事管理部门可以通过船舶间的通信获取船舶的航行信息，对船舶进行实时监控和管理，帮助维护海上交通秩序，保障海上运输的安全和顺畅。

以某大型货船为例，该船配备了先进的AIS设备和VHF无线电通信设备。在一次航行中，该船通过AIS设备发现前方有一艘小型渔船正在横穿航道。为了避免碰撞，该船立即通过VHF无线通信电设备向渔船发出警告，并协调了双方的航行计划。最终，两船成功避让，避免了潜在的安全事故。这个案例充分展示了船舶间通信在实现航行安全和航行协调方面的重要作用。船舶间通信的实现依赖于先进的技术和设备，以及专业的技术人员进行操作和维护。通过船舶间通信，我们可以实现航行安全、航行协调以及海事管理等多种功能，为海洋运输事业的发展提供有力保障。随着技术的不断进步和创新，船舶间通信的实现方式也将不断完善和优化，为未来的航行提供更加高效、智能和安全的通信服务。

四、船舶与岸基通信的系统架构

船舶与岸基通信的系统架构通常包含多个关键组成部分，这些部分共同形成一个智能、多跳、移动、点对点分散的网络通信系统。系统支持无中心的分布式控制网络，节点之间采用动态网状连接。对于岸基部分，通常包括大功率固定基站、天线和其他相关设备，以提供稳定的通信信号覆盖。

（一）岸基通信系统

岸基通信系统是船舶与岸基之间通信的地面基础设施，它确保了船舶能够稳定、可靠地与陆地上的相关机构、管理部门或服务机构进行通信。

1. 固定基站

固定基站是岸基通信系统的核心组成部分，它负责接收来自船舶的信号，并将信号转发到相应的接收设备或网络。固定基站通常包括发射机、接收机、天线、控制系统以及电源等设备。发射机，用于将岸基信息以无线电波的形式发送出去，以便船舶接收，发射机通常具有大功率，以确保信号的传输距离和覆盖范围。接收机负责接收来自船舶的信号，并将其转换为可处理的数据或语音信息，接收机的灵敏度和抗干扰能力对于保证通信质量至关重要。天线是基站与船舶之间通信的桥梁，它将无线电波转换为电流信号或将电流信号转换为无线电波，不同类型和配置的天线可以满足不同频段、不同方向的通信需求。控制系统负责基站设备的运行管理和维护，包括参数设置、状态监测、故障排查等，控制系统通常具有远程监控和管理的功能，以便管理人员能够实时掌握基站的工作状态。电源为基站设备提供稳定的电力供应，确保基站设备的正常运行。电源系统通常具有备份电源和电源管理功能，以应对突发情况和电力波动。

2. 天线系统

天线系统是岸基通信系统的重要组成部分，它负责将无线电波转换为电流信号或将电流信号转换为无线电波。天线系统的性能直接影响通信的质量和覆盖范围。根据通信频段和覆盖范围的需求，可以选择不同类型的天线，如定向天线、全向天线、抛物面天线等，不同类型的天线具有不同的增益、波束宽度和极化方式等特性。天线的安装位置和高度对于通信效果具有重要影响，需要将天线安装在无遮挡物的高处，以确保信号的传输距离和覆盖范围。天线系统需要定期进行维护和检查，以确保其正常工作。维护内容包括天线清洁、检查连接线路、调整天线角度等。

3. 岸基数据中心

岸基数据中心是岸基通信系统的数据处理中心，它负责接收来自船舶的信息，并进行存储、分析、转发等处理。数据中心通常包括服务器、存储设备、网络设备以及相关的软件和应用系统。数据中心需要具备大容量、高性能的存储设备，用于存储船舶发送过来的各种信息，如船舶位置、航行状态、货物信息等；数据中心可以对存储的数据进行分析和挖掘，提取有价值的信息，为船舶管理、航行安全等提供支持；数据中心可以将船舶发送的信息转发给相关的机构或部门，如海事局、港口管理部门、救援机构等，以便他们能够及时掌握船舶的情况并采取相应的措施；数据中心还需要配备相应的软件和应用系统，如数据库管理系统、数据分析工具、信息发布平台等，以便实现数据的存储、分析和转发等功能。

4. 应急通信系统

应急通信系统是为了应对紧急情况而设置的通信系统，它可以在船舶遇到危险或故障时提供及时的通信支持。船舶在遇到紧急情况时可以通过紧急呼叫系统向岸基发送求助信号，岸基接收到信号后会立即启动相应的应急响应机制。搜救协调通信系统用于协调搜救行动中的通信工作，确保搜救各方能够及时沟通、协同作战。该系统通常包括搜救指挥中心、搜救船舶、搜救飞机等之间的通信联络。为了应对通信故障或干扰等情况，岸基通信系统通常还配备有备份通信系统，如备用基站、备用天线等，以确保在紧急情况下能够保持通信畅通。

（二）通信网络

通信网络是船舶与岸基之间信息传输的桥梁，它承载着船舶状态数据、航行指令、应急信号等多种信息的传输任务。一个高效、稳定的通信网络对于保障船舶安全、提高管理效率至关重要。

1. 网络拓扑结构

船舶与岸基之间的通信网络通常采用网状拓扑结构，这种结构允许节点之间的多路径连接，提高了网络的可靠性和灵活性。在船舶端，可以通过卫星通信设备、无线电通信设备以及AIS等设备与岸基进行通信；在岸基端，则通过固定基站、天线系统以及数据中心等设备接收和发送信息。这些设备之间通过无线或有线的方式相互连接，形成一个庞大的通信网络。

2. 通信协议与标准

为了实现船舶与岸基之间的有效通信，必须遵循一定的通信协议和标准。常见的通信协议包括TCP/IP、HTTP等，这些协议确保了数据在传输过程中的格式统一和正确性。同时，为了满足船舶通信的特殊需求，还制定了一系列专门的通信标准，如AIS国际标准、船舶通信导航系统等。这些标准规定了船舶与岸基之间通信的频段、数据格式、传输速度等参数，确保了通信的兼容性和可靠性。

3. 传输技术

在船舶与岸基之间的通信网络中，传输技术是实现信息传输的关键。根据通信距离和带宽需求的不同，可以采用不同的传输技术。对于远程通信，通常使用卫星通信技术，通过人造卫星实现全球范围内的通信覆盖。对于近距离通信，则可以使用无线电通信技术，如VHF无线电、雷达等。此外，随着物联网技术的发展，船舶上的各种传感器和设备也可以通过无线局域网（WLAN）或移动通信网络（如4G/5G）与岸基进行通信。

4. 网络安全

网络安全是船舶与岸基通信网络中不可忽视的问题。由于船舶通信涉及船舶安全、货物运输等重要信息，一旦遭受网络攻击或数据泄漏，将会造成严重的后果。因此，在构建通信网络时，必须采取一系列网络安全措施，如数据加密、身份认证、防火墙等，确保通信数据的安全性和完整性。同时，还需要建立完善的网络安全管理制度和应急预案，以应对各种网络安全威胁。

5. 网络管理与维护

通信网络的管理和维护对于保障网络的稳定运行至关重要。首先，需要建立完善的网络管理体系，包括网络设备管理、网络性能监控、故障排查等。通过远程监控和管理软件，可以实时监测网络设备的运行状态和性能指标，及时发现和处理潜在的问题。其次，需要定期对网络设备和通信线路进行检查和维护，确保设备的正常运行和通信线路的畅通。最后，需要对网络安全进行定期评估和加固，以应对不断变化的网络安全威胁。

（三）系统管理与控制

在船舶与岸基通信系统中，系统管理与控制是确保通信系统高效、稳定运行的核心环节，它涉及对通信系统的全面监控、性能优化、故障排查以及资源调度等方面，旨在实现通信系统的可靠性、安全性、高效性和灵活性。通过实时监控通信系统的运行状态、性能指标以及安全状况，可以及时发现和处理潜在的问题，确保通信系统的正常运行，系统监控通常包括设备监控、网络监控和安全监控等方面。设备监控关注通信设备的物理状态和性能指标，如温度、湿度、电压、电流等；网络监控关注网络连接的稳定性、带宽利用率以及数据传输速率等；安全监控则关注通信系统的安全状况，如入侵检测、病毒防护等。通过对通信系统的性能进行定期评估和分析，可以发现性能"瓶颈"和优化点，进而采取相应的优化措施，提高通信系统的性能。性能优化可以包括网络优化、设备优化和应用优化等方面。网络优化关注网络拓扑结构、路由选择以及传输协议等方面；设备优化关注设备的配置、升级和替换等方面；应用优化则关注应用软件的性能优化和用户体验等方面。

资源调度是系统管理与控制中的关键任务之一。通过对通信系统的资源进行合理的调度和分配，可以确保通信系统的稳定性和高效性。资源调度可以包括频谱资源调度、信道资源调度以及计算资源调度等方面。频谱资源调度关注频谱的分配和使用情况，避免频谱资源的浪费和冲突；信道资源调度关注信道的分配和使用情况，确保通信的顺畅和高效；计算资源调度则关注计算资源的分配和使用情况，提高计算资源的利用率和性能。

当通信系统出现故障时，需要迅速定位故障原因并采取相应的修复措施，以减少故障对通信系统的影响。故障排查通常包括故障检测、故障定位和故障修复等步骤。故障检测是通过各种检测工具和技术手段发现通信系统中存在的故障；故障定位是确定故障发生的具体位置或模块；故障修复则是根据故障定位的结果通过采取一系列安全措施和技术手段，可以确保通信系统的安全性和保密性。安全管理包括安全策略制定、安全管理制度建立、安全培训和演练等方面。安全策略制定是确定通信系统的安全目标和要求；安全管理制度建立是建立相应的安全管理制度和流程；安全培训和演练则是增强用户的安全意识和应对能力。备份与恢复是系统管理与控制中的关键环节。通过定期备份通信系统的数据和配置信息，可以在出现故障或数据丢失时迅速恢复通信系统的正常运行。备份与恢复包括数据备份、配置备份以及应急恢复等方面。数据备份是定期备份通信系统的数据；配置备份是备份通信系统的配置信息；应急恢复则是在出现故障或数据丢失时采取相应的恢复措施。

（四）安全性与保密性

在船舶与岸基通信系统中，安全性与保密性是不可忽视的关键因素。它们不仅关系到船舶运营的安全，还涉及商业机密、国家安全等敏感信息的保护。

数据加密是保护通信数据的重要手段。通过对传输的数据进行加密处理，可以确保数据在传输过程中不被非法截获和窃取。在船舶与岸基通信系统中，通常使用先进的加密算法，如AES（高级加密标准）等，对通信数据进行加密处理。同时，密钥的管理也是加密技术的重要环节，需要采用安全的密钥生成、分发和存储机制，以防密钥被非法获取。身份认证与授权机制是确保通信安全的另一项重要措施。通过身份认证，可以验证通信双方的身份，防止非法用户接入通信系统。在船舶与岸基通信系统中，通常使用基于公钥基础设施（PKI）的身份认证技术，如数字证书等。此外，授权机制也是必不可少的，它可以根据用户的身份和权限，控制用户对通信资源的访问和使用，防止未经授权的访问和操作。安全审计与监控是确保通信系统安全性的重要环节。通过对通信系统的使用情况进行安全审计和监控，可以及时发现和处理潜在的安全风险。在船舶与岸基通信系统中，可以建立安全审计和监控中心，对通信数据进行实时分析和监测，发现异常行为或安全隐患时，立即采取相应的应对措施。

网络安全管理是确保通信系统长期稳定运行的基础。它包括对通信系统的安全策略制定、安全管理制度建立、安全培训和演练等方面。在船舶与岸基通信系统中，需要建立完善的网络安全管理体系，明确安全管理的责任和义务，确保各项安全措施得到有效执行。同时，还需要定期对网络安全进行评估和加固，以应对不断变化的网络安全威胁。物理安全也是通信系统安全性不可忽视的一部分。在船舶与岸基通信系统中，需要采取一系列物理安全措施，如安装门禁系统、监控摄像头、防盗报警器等，以防止未经授权的访问和破坏。此外，还需要对通信设备和线缆进行定期检查和维护，确保其正常运行和安全性。在保障通信系统的安全性与保密性时，还需要遵守相关的法律法规和合规性要求。船舶与岸基通信系统可能涉及不同国家和地区的法律法规要求，因此需要确保通信系统的设计和实施符合当地的法律法规和合规性要求。同时，还需要与相关的监管机构和执法部门保持密切合作，共同维护通信系统的安全性和合规性。

五、岸基在船舶通信中的功能与应用

（一）岸基在船舶通信中的功能

提供稳定的通信信号覆盖，包括全球覆盖，岸基设施通过卫星、无线电等通信手段，为船舶提供全球范围内的通信信号覆盖，确保船舶无论在全球哪个海域都能与岸基进行通信。信号增强，岸基设备可以接收和转发通信信号，增强信号强度，使得船舶在远离陆地的海域也能获得稳定的通信信号。备份支持，岸基设施通常配备有备份通信系统，当主通信系统出现故障时，能够迅速切换到备份系统，确保通信不中断。管理与保护通信网络，网络监控，岸基中心负责监控整个通信网络的运行状态，包括海缆、通信设备等的供电状态、数据传输速率等，确保网络的稳定运行。故障排查与修复，当通信网络出现故障时，岸基中心能够迅速定位故障点，并采取相应措施进行修复，减少故障对船舶通信的影响。网络安全防护，岸基中心负责整个通信网络的安全防护工作，包括防止黑客攻击、病毒入侵等，确保通信数据的安全性和完整性。作为船舶交通服务中心（VTS）的核心节点，

船舶位置监控，岸基中心通过船舶自动识别系统（AIS）等设备，实时获取船舶的位置信息，并在电子海图上显示，帮助岸基管理人员了解船舶的动态。航行计划管理，岸基中心可以接收船舶提交的航行计划，并对计划进行审批、修改和发布，确保船舶按照计划航行，减少航行冲突。交通组织与协调，岸基中心作为船舶交通的协调中心，可以根据船舶的航行计划和实时位置，对船舶进行交通组织和协调，确保船舶有序航行。船舶报告接收与处理，岸基中心接收船舶提交的各类报告，如进港报告、离港报告、货物报告等，并对报告进行处理和存储，为港口管理和船舶运营提供数据支持。

港口信息网建设与维护，岸基中心负责港口信息网的建设和维护工作，为港口管理部门、船舶运营公司、货主等提供信息服务平台，促进港口信息的共享和交流。海事信息发布，岸基中心负责发布各类海事信息，如海上天气、海况、航行警告等，为船舶提供及时、准确的海事信息支持。海上搜救协调，在发生海上事故或紧急情况时，岸基中心可以协调各方力量进行海上搜救工作，提高搜救效率。船舶调度决策，岸基中心根据船舶的航行计划、实时位置以及港口运营情况等因素，为船舶提供调度决策支持，确保船舶按时、按序完成装卸作业和航行任务。船舶协同作业，岸基中心可以协调多艘船舶进行协同作业，如编队航行、联合搜救等，提高船舶作业效率和安全性。

（二）船舶与岸基通信的应用

在船舶管理方面的应用，船舶监控与追踪，岸基设施通过船舶自动识别系统（AIS）和其他相关技术，可以实时追踪船舶的位置、航向和速度等信息。这种监控功能有助于船舶管理人员了解船舶的实时状态，确保船舶按照预定的航行路线和计划行驶。船舶状态监测，通过岸基通信，船舶可以实时传输其运行状态、设备状况、货物情况等信息。这使得船舶管理人员能够及时发现并解决潜在问题，确保船舶的安全运行。岸基通信可以用于接收和发送与安全相关的信息，如天气预警、航行警告等。这些信息对于船舶管理人员来说至关重要，因为它们可以帮助船舶避免潜在的风险和危险。通过岸基通信，船舶管理人员可以与船员保持联系，了解船员的工作状态、生活需求等。这有助于提高船员的工作效率和满意度，同时也有助于保障船员的安全和福利。

在航行调度方面的应用，岸基通信可以支持船舶与岸基之间的实时信息交换，使得船舶管理人员能够根据实时情况制订和调整航行计划，有助于优化航行路线、减少航行时间、降低燃油消耗等。在繁忙的航道或港口区域，岸基通信可以协调多艘船舶的航行，避免交通冲突和拥堵，通过实时通信和协调，确保船舶按照预定的时间和顺序通过关键区域，提高整个航道的运行效率。在发生紧急情况时，如船舶故障、碰撞事故等，岸基通信可以迅速启动应急响应机制，通过与船舶的实时通信，岸基管理中心可以了解事故现场的情况，协调救援力量和资源，确保事故得到及时有效的处理。岸基通信可以为船舶提供各种信息服务，如气象信息、航行指南、港口信息等。这些信息对于船舶的航行调度和决策具有重要意义，可以帮助船舶更好地适应复杂的航行环境。

六、目前船舶应用的主要通信系统

目前船舶应用的通信系统包括VSAT系统、卫星通信系统、AIS和VHF等传统系统，以及新兴的4G/5G移动通信系统和北斗卫星导航系统等。这些系统通过卫星实现船舶与岸基之间的通信，具有覆盖范围广、通信能力强、灵活性高等优势，共同为船舶的航行安全和通信效率提供了有力保障。随着通信技术的不断发展，一些新的通信系统也在船舶通信中得到应用，如4G/5G移动通信系统、北斗卫星导航系统等。这些系统为船舶提供了更加高效、稳定、安全的通信解决方案，促进了船舶行业的发展和进步。

（一）VSAT系统

VSAT（Very Small Aperture Terminal）系统在船舶通信中扮演着重要角色，为船舶提供了高效、稳定的通信解决方案。VSAT系统主要由通信卫星和船载VSAT终端站组成，通过卫星转发和反射无线电信号，实现船舶与岸基之间的通信。在船舶通信中，VSAT系统的优势主要体现在以下几个方面：覆盖范围广，不受地形和气候环境的影响，能够覆盖全球范围内的海域，为船舶提供稳定可靠的通信服务。通信能力强，支持高速数据传输和语音通信，能够满足船舶在海上航行过程中对于各种通信业务的需求，如船舶位置报告、航行计划传输、安全预警等。VSAT系统组网灵活，可以根据船舶的航行路线和通信需求，灵活地调整通信网络的配置和参数，以适应不同的通信场景。VSAT系统采用加密和验证等技术手段，确保通信数据的安全性和完整性，防止信息泄漏和篡改。

VSAT系统在船舶通信中的应用场景包括但不限于以下几个方面：船舶监控与追踪，VSAT系统可以实时传输船舶的位置、航向、速度等信息，帮助岸基管理中心对船舶进行监控和追踪，确保船舶的航行安全和运营效率。航行计划传输，VSAT系统可以支持船舶与岸基之间的航行计划传输，实现船舶航行计划的快速下达和修改，提高船舶的航行效率和安全性。海上安全预警，VSAT系统可以接收和传输海上安全预警信息，如气象预警、航行警告等，帮助船舶及时应对各种安全风险。远程维护与支持，VSAT系统可以支持远程设备监控和维护，帮助船舶管理人员及时发现和解决设备故障，提高船舶的可靠性和稳定性。

（二）Inmarsat的FBB系统

在船舶通信中，Inmarsat的FBB（FleetBroadband）系统是一种重要的海事宽带通信系统。FBB系统是Inmarsat第四代卫星通信产品，它通过一个天线提供话音和数据同时在线服务，真正实现了全球海上通信。

FBB系统首次实现了海上通信技术的宽带化和个性化，将船舶通信带入了IP数据业务的新时代。多业务支持，基于3G标准，FBB系统能够提供宽带数据和语音同时在线功能，满足多种信息通信需求，如打电话、收发短信、语音信箱、文件传输、传真、视频会议等。全球覆盖，FBB系统具有全球（除南北极区外）的覆盖范围，确保船舶在全球海域都能获得稳定的通信服务。可靠性高：FBB系统采用先进的通信技术，具有较高的通信质量和可靠性，能够确保船舶通信的稳定运行。FBB系统的应用广泛，主要用于实现船舶与岸基之间的通信，包括船舶位置报告、航行计划传输、安全预警等。此外，FBB系统还可以支持船舶的远程维护和支持，帮助船舶管理人员及时发现和解决设备故障，提高船舶的可靠性和稳定性。

（三）铱星系统

在船舶通信中，铱星系统（Iridium）扮演着重要角色。该系统是由美国摩托罗拉公司（Motorola）于1987年提出的低轨全球个人卫星移动通信系统，旨在为全球范围内的用户提供高质量的语音、数据、传真、寻呼及信息服务。

铱星系统由66颗（外加6颗备用卫星）由无线链路相连的卫星组成，这些卫星分别围绕极地轨道运行，形成一个覆盖全球的空间网络。由于卫星数与铱原子的电子数相同，该系统因此得名。铱星网络能够覆盖北斗卫星通信系统未覆盖到的区域，实现船舶与岸上指挥中心之间的信息传输，包括航行状态、位置、速度等信息，从而保障船舶的航行安全。

在船舶通信中，铱星系统的主要应用包括：船舶与岸基之间的实时通信，通过铱星系统，船舶可以实时向岸基传输航行数据、位置信息、船舶状态等关键信息，确保岸基管理中心能够及时了解船舶的实时情况。紧急救援通信，在船舶遇到紧急情况时，铱星系统能够迅速建立与救援机构的通信联系，传输船舶的位置、船只类型、人员数量等关键信息，为救援行动提供有力支持。船舶远程监控与追踪，铱星系统支持船舶远程监控和追踪功能，通过实时传输船舶的位置和状态信息，实现对船舶的远程监控和管理。铱星系统还具有全球覆盖、低成本、高可靠性等优点，使其成为船舶通信中不可或缺的一部分。随着通信技术的不断发展，铱星系统在船舶通信中的应用前景将更加广阔。

（四）北斗卫星导航系统（BDS）

北斗系统是中国自行研制的全球卫星导航系统，具有全球范围内全天候、全天时为各类用户提供高精度、高可靠定位、导航、授时服务的能力，并且具备短报文通信能力。

在船舶通信中，北斗系统的主要应用包括：船舶定位与导航，北斗系统可以为船舶提供精确的定位和导航服务，帮助船舶确定位置、规划航线，确保航行安全。船舶监控与追踪，北斗系统可以实时传输船舶的位置、速度、航向等状态信息，实现对船舶的远程监控和追踪。这有助于船舶企业更好地了解船舶的运营情况，及时发现和处理问题，提高管理效率。船舶通信，北斗系统支持短报文通信功能，可以实现船舶与岸基、船舶与船舶之间的实时通信。在紧急情况下，船舶可以通过北斗系统发送求救信号，提高救援效率。海上紧急救援，北斗系统可以辅助海上紧急救援行动，为救援机构提供准确的船舶位置信息，帮助救援人员迅速定位并展开救援。北斗系统还具有高精度授时服务，可以为船舶提供精确的时间信息，有助于船舶进行时间同步和计时操作。北斗卫星导航系统在船舶通信中发挥着重要作用，为船舶的航行安全、管理效率和紧急救援提供了有力支持。随着北斗系统的不断发展和完善，其在船舶通信领域的应用前景将更加广阔。

船舶数据加密与传输安全

一、数据加密与传输安全的重要性

在数字化时代，数据已经成为一种无形的资产，在船舶通信中，数据不仅包含了船舶的航行轨迹、速度、货物信息等运营数据，更包含了船舶所有者、船员以及相关合作方的隐私信息。这些数据的安全性和隐私性直接关系到船舶的正常运营和各方利益。确保数据安全和隐私保护成为船舶通信领域的首要任务。数据安全和隐私保护的核心在于防止数据泄漏、非法访问和滥用。在船舶通信中，由于通信环境的复杂性和不确定性，数据面临着来自各方面的安全威胁，例如黑客攻击、病毒入侵、内部人员泄漏等都可能导致数据泄漏和非法访问，需要采取一系列的安全措施来保护数据的安全和隐私。数据加密技术是保护数据安全的重要手段之一，对数据进行加密处理确保数据在传输和存储过程中的机密性，只有拥有正确密钥的授权用户才能访问和解读加密后的数据，从而有效防止数据被非法获取和滥用。在船舶通信中，数据加密技术可以应用于多个方面，例如，在船舶与岸基之间的通信中，使用数据加密技术对通信内容进行加密处理，确保通信内容的机密性。在船舶内部网络中，使用数据加密技术来保护敏感数据的安全。传输安全技术也是确保船舶通信安全的重要手段，传输安全技术主要关注数据在传输过程中的安全性和完整性，通过采用各种传输安全技术，确保数据在传输过程中不被窃取、篡改或破坏。在船舶通信中，传输安全技术可以应用于多个环节。例如，在船舶与卫星之间的通信中，使用传输安全技术来确保通信信号的稳定性和可靠性。在船舶内部网络中，采用传输安全技术来保护数据的完整性和可用性。

为了确保船舶通信的安全和可靠，需要采取综合的安全策略。这包括加强网络安全管理、完善安全制度、增强员工安全意识等多个方面。同时，我们还需要不断更新和升级安全技术，以适应日益复杂的安全威胁。加强网络安全设备的配置和管理，如防火墙、入侵检测系统等完善安全制度，制定严格的数据访问和使用规定，加强员工的安全意识培训，提高员工对数据安全和隐私保护的重视程度。

随着技术的不断发展，船舶通信的数据安全和隐私保护将会得到更加有效的保障。未来，我们可以期待更加先进的数据加密技术和传输安全技术被应用于船舶通信中。同时，随着人工智能、大数据等技术的应用，我们可以实现对船舶通信的更加智能和高效的管理和保护。这将有助于进一步提高船舶通信的安全性和可靠性，为船舶行业的持续健康发展提供有力保障。

二、数据加密技术

在船舶通信中，加密技术是保证信息传输安全性的关键手段。加密的基本原理是通过特定的算法，将原始数据（明文）转换成一种看似无意义的形式（密文），这种转换过程需要依赖一个或多个密钥。只有持有正确密钥的人才能将密文还原成原始数据，从而保障数据的机密性和完整性。常见的船舶通信加密方法有以下几种：

（一）对称加密

对称加密也称为私钥加密，它使用相同的密钥进行加密和解密。对称加密的优点是算法简单、速度快，但密钥的传输和管理是一个挑战。

1.AES（高级加密标准）

AES是一种对称加密算法，由美国国家标准与技术研究院（NIST）选定为替代DES的加密标准。AES算法主要用于加密船舶通信中的实时位置、速度、货物信息等敏感数据。它采用相同的密钥进行加密和解密，将数据分割成固定大小的块，通过高度非线性和扩散性的操作来确保数据的安全性，并通过一系列复杂的加密操作来保护数据的机密性和完整性。优点是安全性高、速度快、灵活性好。缺点是在船舶通信中，密钥的生成、分发、更新和撤销等管理过程相对复杂，需要建立严格的安全机制来确保密钥的安全。对硬件要求高，虽然AES算法本身优化得很好，但在一些低端硬件上可能无法实现高效的加密和解密。

2.DES（数据加密标准）

DES是一种早期的对称加密算法，由IBM开发并在1977年被美国国家标准局采纳为官方加密标准。DES使用56位的密钥对64位的数据块进行加密。尽管DES在过去被广泛使用，但随着计算机计算能力的提高，DES的密钥长度被认为不够安全，容易受到暴力破解的威胁。优点是实现简单，DES算法设计简洁，易于实现，因此在一些简单的船舶通信系统中可能仍被使用。速度快，DES的加密和解密速度相对较快，适用于对实时性要求较高的场景。缺点是安全性低，DES的密钥长度只有56位，已经无法满足现代安全需求，容易受到暴力破解和差分攻击等威胁。由于安全性问题，DES是一种过时的加密算法，不建议在船舶通信中使用。

3.3DES（三重数据加密算法）

3DES是DES的一个增强版本，通过应用DES算法三次来对数据进行加密。具体而言，它使用两个密钥K1和K2（也可以使用相同的密钥进行三次加密），首先对明文使用K1进行DES加密，其次对结果进行K2的DES解密，最后再使用K1进行DES加密。这种方式增加了加密的复杂性和安全性，但相应地也增加了计算成本。优点是安全性高，通过应用DES算法三次，3DES增加了加密的复杂性和安全性，相对于DES更加安全。兼容性好，由于3DES是基于DES的改进，因此在一些已经采用DES的系统中可以很容易地升级到3DES。缺点是速度慢，由于需要执行三次DES加密和解密操作，3DES的加密和解密速度相对较慢。密钥管理复杂，与DES类似，3DES也面临密钥管理复杂的问题。

4.IDEA（国际数据加密算法）

IDEA是由上海交通大学教授来学嘉与瑞士学者James Massey联合提出的对称加密算法。IDEA使用128位的密钥对64位的数据块进行加密。它采用了一种类似DES的Feistel网络结构，但使用了更复杂的轮函数来确保其安全性。

IDEA的设计目标是提供比DES更高的安全性，并且在软件和硬件的实现上都具有较高的效率。优点是安全性高，IDEA算法设计复杂，具有较高的安全性，IDEA的加密和解密速度相对较快，可以满足船舶通信中的实时性需求。缺点是专利问题，IDEA算法受到专利保护，这可能会限制其在某些场景下的使用。密钥管理复杂，与其他对称加密算法一样，IDEA也面临密钥管理复杂的问题。

5.Blowfish

Blowfish是一种可变密钥长度的分组密码算法，由Bruce Schneier设计。它支持从32位到448位的密钥长度，并且分组大小为64位。Blowfish的设计目标是在保持快速的同时提供强大的安全性。它使用一个与密钥相关的S-盒和P-盒来进行加密和解密操作，这些盒子是通过一个复杂的密钥调度算法生成的。Blowfish算法在许多应用中都被广泛使用，包括密码管理工具和网络通信协议。优点是安全性高，Blowfish算法使用了复杂的密钥调度算法和轮函数设计，具有较高的安全性。速度快，Blowfish算法经过优化，加密和解密速度都很快。灵活性好：Blowfish支持可变长度的密钥（从32位到448位），可以根据安全需求灵活选择。缺点是块大小较小，Blowfish的块大小只有64位，相对于其他算法较小，这可能会限制其在一些特定场景下的应用。密钥管理复杂，与其他对称加密算法一样，Blowfish也面临密钥管理复杂的问题。

6.Camellia

Camellia是由日本国家信息通信技术研究所（NICT）开发的一种分组密码算法。它支持128位、192位和256位的密钥长度，并且分组大小为128位。Camellia的设计目标是提供一个与AES相当的安全性和效率，同时支持更广泛的硬件和软件平台。它采用了类似AES的SPN（替换－置换网络）结构，并使用了一种高效的密钥调度算法来生成轮密钥。Camellia已被国际标准组织ISO/IEC采纳为国际标准，并在多个领域得到广泛应用。优点是安全性高，Camellia算法采用了与AES类似的SPN结构，具有较高的安全性。灵活性好，Camellia支持多种密钥长度（从128位到256位），可以根据安全需求灵活选择。兼容性好，Camellia具有良好的兼容性。缺点是知名度相对较低，Camellia在国际上的知名度相对较低，可能在某些场景下的支持度不够。密钥管理复杂，与其他对称加密算法一样，Camellia也面临密钥管理复杂的问题。

（二）非对称加密

非对称加密也称为公钥加密，它使用一对密钥（公钥和私钥）进行加密和解密。公钥用于加密数据，私钥用于解密数据。非对称加密的优点是安全性高，但加密和解密速度相对较慢。

1.RSA（Rivest-Shamir-Adleman）

RSA是一种广泛使用的非对称加密算法。RSA算法可以帮助双方安全地交换用于后续通信的对称密钥（如AES密钥）。RSA算法使用一对密钥（公钥和私钥）进行加密和解密，公钥用于加密数据，私钥用于解密数据。通过RSA算法，船舶和接收方可以安全地交换密钥，确保后续通信的安全性。优点是安全性高，基于大数质因数分解问题的困难性，RSA算法的安全性得到了广泛认可。密钥管理方便，RSA使用一对密钥，公钥可以公开分发，私钥由接收方安全保存。缺点是加密和解密速度慢，与对称加密算法相比，RSA的加密和解密速度较慢，不适合对大量数据进行加密。密钥长度较长，为了保持足够的安全性，RSA需要使用较长的密钥长度，这会增加密钥存储和传输的复杂性。

2.ECC（椭圆曲线密码学）

ECC是一种基于椭圆曲线理论的公钥密码体制。与RSA相比，ECC在相同的安全强度下可以使用更短的密钥长度。ECC加密和解密速度较快，适合实时性要求高的场景。优点是安全性高，ECC算法的安全性基于椭圆曲线离散对数问题的困难性，具有较高的安全性。加密和解密速度快，与RSA相比，ECC的加密和解密速度更快。密钥长度短，ECC使用较短的密钥长度就能达到相同的安全级别，有利于节省存储空间和网络带宽。缺点是实现复杂，ECC算法的实现相对复杂，需要较高的数学和编程技能。兼容性问题，由于ECC的普及程度相对较低，可能在一些旧的或特定的系统中存在兼容性问题。

3.ElGamal 算法和 D-H（Diffie-Hellman）密钥交换

ElGamal算法是一种基于离散对数问题的公钥密码体制，与RSA类似但加密和解密过程略有不同，它的安全性基于求解离散对数问题的困难性，优点是安全性高，密钥管理方便。缺点是加密和解密速度慢，密钥长度较长。D-H密钥交换是一种安全协议，允许通信双方在不安全的通道上安全地交换密钥，双方通过公开的算法和参数计算出共享的密钥，用于后续通信的加密。优点是密钥交换安全，灵活性好。缺点是易受中间人攻击，依赖随机数生成器的质量。

（三）数字签名

数字签名是一种确保信息完整性和真实性的技术。它使用私钥对数据进行签名，并使用公钥进行验证。数字签名可以确保信息在传输过程中没有被篡改，并且验证发送者的身份。常用的几种数字签名技术及其优缺点：RSA数字签名是基于RSA公钥密码体制的一种数字签名技术，它使用RSA算法中的私钥对消息进行签名，公钥用于验证签名的真实性，优点是安全性高，密钥管理方便。缺点是签名和验证速度较慢，密钥长度较长。ECDSA是基于椭圆曲线密码学（ECC）的数字签名算法，与RSA相比，ECDSA使用更短的密钥长度就能达到相同的安全级别，优点是安全性高，签名和验证速度快，密钥长度短。缺点是实现复杂，兼容性问题。DSA是美国国家标准技术研究所（NIST）颁布的数字签名标准，它也是一种基于离散对数问题的公钥密码体制，优点是安全性高，密钥长度适中。缺点是签名和验证速度相对较慢，依赖随机数生成器的质量。

（四）特定的加密技术在船舶通信中的应用

混合加密技术，结合对称加密和非对称加密的优势，使用非对称加密技术传输对称加密的密钥，然后用这个密钥进行对称加密传输数据。这种加密方式既保证了加密速度，又提高了安全性；身份加密是一种基于用户身份信息的加密技术，它利用用户的身份信息生成公钥，从而无须访问任何证书机构或可信第三方即可进行加密通信，身份加密技术简化了密钥管理过程，提高了通信的便捷性和安全性；同态加密是一种允许在加密数据上进行计算而不解密数据的加密技术，它允许在不知道原始数据的情况下对加密数据进行加法、乘法等操作，并得到相应的加密结果，在云计算、大数据分析等场景中具有重要的应用价值，但在船舶通信中的应用相对较少；多因素认证本身不是一种加密技术，但它在提高船舶通信安全性方面起着重要作用，多因素认证要求用户在登录或进行敏感操作时提供多个验证因素（如密码、指纹、手机验证码等），以确保用户身份的真实性和可信度。这种技术可以有效防止未经授权的访问和操作；量子加密是一种基于量子力学原理的加密技术，它利用量子态的不可克隆性和不确定性来实现信息的加密传输。量子加密具有极高的安全性，因为任何试图窃取或篡改量子信息的行为都会立即被检测到。目前量子加密技术仍处于研究和实验阶段，尚未在船舶通信中得到广泛应用。广播加密允许广播者设定授权用户，并保证只有授权用户可以利用私钥完成对密文的解密，得到广播消息，适用于船舶向多个接收者同时发送消息的场景。属性加密是基于属性的加密方案，如密文策略属性基加密（CP-ABE）和密钥策略属性基加密（ABE），可以根据接收者的属性来决定是否给予其解密权限。

（五）数据加密技术的应用实例

在船舶通信中，数据加密技术的应用实例广泛且多样。船舶自动识别系统（AIS）数据加密，AIS系统用于船舶之间的自动识别和位置交换，为了保护船舶的位置、速度和其他敏感信息，AIS数据在传输前会使用加密技术进行加密，如AES（高级加密标准），加密后的AIS数据只能被授权接收者解密并读取，这就增加了信息传输的保密性。船舶与岸基通信加密，船舶与岸基之间的通信通常涉及船舶状态、货物信息、航行计划等重要数据在传输过程中会使用SSL/TLS（安全套接字层/传输层安全性协议）进行加密，确保数据的安全性和完整性。通过加密技术，船舶与岸基之间的通信可防止未经授权的访问和篡改，保护双方的信息安全。现代船舶通常配备远程监控与控制系统，用于远程监控船舶状态、控制船舶设备等，包括船舶的实时状态、控制指令等敏感信息，为了保护这些信息不被窃取或篡改，系统会使用加密技术对数据进行加密传输，确保只有授权的用户才能访问和操作这些数据。电子海图中包含了大量的海洋信息、航线规划等敏感数据，为了保护这些数据不被非法获取或篡改，电子海图数据在存储和传输过程中会使用加密技术进行保护，只有被授权的用户才能访问和修改这些数据。船舶证书和文件是船舶运营的重要凭证，包括船舶注册证书、船员证书、货物清单等，在传输和存储过程中需要使用加密技术进行保护，以防止未经授权的访问和篡改。加密技术可以确保证书和文件的真实性和完整性。在船舶通信中，密钥的管理和分发是一个重要的环节，通过使用加密技术，可以建立安全的密钥管理系统和分发机制，例如，使用公钥基础设施（PKI）技术生成和管理公钥与私钥对，通过安全的密钥分发协议将密钥分发给授权的用户。这样可以确保密钥的安全性和可信度。数据加密技术被广泛应用于船舶通信协议中，如SSL/TLS（安全套接字层/传输层安全性协议），在通信双方之间建立加密通道，确保数据的机密性和完整性，在船舶与岸基、船舶与船舶之间的通信中，采用这些安全通信协议可以大大提高通信的安全性。

（六）在船舶通信中合理应用数据加密

船舶通信在选择加密技术时，需权衡安全性、性能、兼容性、可管理性及法律法规要求，确保所选技术能保护敏感数据，提供足够的安全级别，并满足实时通信需求，考虑与现有设备和系统的兼容性，以及与其他通信系统的互操作性；选择易于管理、维护且符合国际法规的加密技术，确保通信的顺畅、安全和合规。

在数据加密中密钥管理极为关键，为此需要结合实际情况建立一套科学合理的密钥管理机制，向员工强化密钥管理的重要性，提高其管理的安全性。其中首先要生成一个足够强度的密钥，其次是密钥的分配以及定期更换问题。在密钥生成中，可以使用安全随机数生成器，待其生成后，还需要使用加密算法对其进行加密处理，确保密钥的安全性。对于密钥的存储，一定要采用安全性有保证的存储介质，比如通用串行总线（universal serial bus，USB）、密钥（secret key）、智能卡等，确保其在存储过程中不会被其他人恶意盗取。密钥的分配则需要通过传输实现，因此必须采用加密传输，确保密钥在传输过程中不会被他人截获和破解。最后对密钥的更新一定要及时，切不可抱有侥幸心理，在更新时为保证密钥的安全性，一定要采用密钥交替法。

侧信道攻击主要是对数据加密技术中的漏洞进行攻击的一种手段，因此，为提高计算机系统的安全性，一定要加强对侧信道攻击的重视，提高系统对其识别的敏感度，确保应用程序的安全性，加强对安全漏洞的检查和防范，做到补丁及时更新，漏洞及时修补。在侧信道攻击防范中，首先，要加强物理安全防范措施，如放置加密设备、办公室门禁等，通过物理手段减少攻击者接触计算机的机会。使用诸如高级加密标准（advanced encryption standard，AES）、罗恩·里维斯特（Ron Rivest，R）、阿迪·沙米尔（Adi Shamir，S）、伦纳德·阿德曼（Leonard Adleman，A）等高强度加密算法，借助加密算法保护，提高系统的安全性，减少漏洞，降低攻击者攻击成功率。其次，提高系统随机性，最常见的如增加随机数个数、提高加密算法的轮数等，通过提高难度的形式保证系统安全性。最后，对于系统中的电源、中央处理器（Central Processing Unit，CPU）等容易泄漏物理信息的部分进行优化设计，通过加强保护的形式提高其安全性，条件允许时还可以借助电磁噪声干扰、混淆其分析、推断敏感物理信息的过程。

（七）以下是一个应用数据加密技术的船舶通信实例

假设一艘船舶需要与岸基进行数据传输，包括船舶的实时位置、速度、货物信息等。为了保障数据的安全性，船舶和岸基可以采用以下加密方案：

密钥交换，使用RSA算法生成一对公钥和私钥，并将公钥发送给对方，私钥由各自保存，用于后续的加密和解密操作；使用AES算法和交换得到的密钥对原始数据进行加密处理，生成密文，然后将密文发送给接收方；通过卫星通信或无线通信等方式将加密后的数据传输给接收方；接收方收到密文后，使用自己的私钥对密文进行解密处理，还原成原始数据；接收方可以使用数字签名技术对解密后的数据进行验证，确保数据的完整性和真实性。

三、传输安全技术

（一）船舶通信中传输安全的挑战和威胁

计算机网络使用过程中网络病毒较为常见，这是一种典型外部安全威胁。病毒通常隐藏在恶意软件内，当计算机启动后就会感染，利用这种方式侵入网络盗取隐秘信息，获得非法利益，直接影响到个人生活与企业发展。网络病毒具有较强的隐蔽性，使用计算机时很难发现潜伏的网络病毒，可能访问互联网时默认增加某种网络病毒程序，让人防不胜防。计算机网络病毒具有极强的传染性，能在短时间内感染多台计算机设备，造成巨大损失。

安全漏洞，大数据环境下广泛使用数据共享技术，个人计算机联网后完成数据上传、下载、查看，给日常工作与办公提供极大的便利。但受到互联网开放性特点影响，存在很多网络漏洞，使得病毒大量传播，影响到互联网安全性，导致用户数据泄漏，引发严重的经济损失。实际中各类软硬件及系统都存在安全漏洞，都有可能引发安全问题。考虑到系统漏洞引发计算机网络安全问题，需要及时修补软件缺陷，提高网络认证的安全级别。

非法入侵种类较多，如非法登录、丢失个人信息、拒绝网络服务等。通过统计分析以前数据信息盗取情况，可以发现大部分都是因为黑客非法入侵，盗取计算机系统内的数据信息，使得计算机管理系统面临着较大信息安全风险。而且非法入侵者有时会选择毁坏操作系统，破坏网络系统，使得系统无法正常工作。如果黑客拷贝数据就会泄漏数据信息，传播区域越广意着安全程度越低。不法分子会直接破坏数据信息管理系统，获取密钥与网关掩码，进行二次编程，实现远程控制计算机网络系统，给用户造成不同程度的损害。

（二）传输安全技术

传输安全技术可以单独使用，也可以结合使用，以提供更全面、更强大的通信安全保障。在选择和应用这些技术时，需要根据船舶通信的具体需求和实际情况进行综合考虑和决策。常见的传输安全技术包括：端到端加密技术（E2EE），这是一种确保数据在发送者和接收者之间传输时始终保持加密状态的技术。它使用强大的加密算法（如AES-256）来确保数据的安全性，并且只有具有相应密钥的接收者才能解密数据，这种技术特别适用于对安全性要求极高的通信场景，如金融和医疗数据传输。混合加密技术，结合了非对称加密（如RSA）和对称加密（如AES）的优点，通过安全交换对称密钥，实现快速的数据传输，同时保证了数据的安全性。这种技术能够在保持高效通信的同时，提供较高的安全性。数字签名技术用于验证通信数据的完整性和真实性，通过使用私钥对数据进行签名，并使用公钥进行验证，可以确保数据在传输过程中没有被篡改，并且发送者身份的真实性也得到了验证。常见的数字签名技术包括RSA数字签名和ECDSA（椭圆曲线数字签名算法）。VPN（虚拟私人网络）技术通过建立加密的虚拟通道，使船舶与陆地或其他船舶之间的通信更加安全，VPN技术可以确保数据在公共网络上传输时不会被窃取或篡改，并且可以提供更高的隐私保护。入侵检测和防御系统（IDS/IPS）可以实时监测船舶通信网络的流量和活动，并检测任何潜在的恶意行为或攻击，一旦发现异常或攻击行为，IDS/IPS可以立即采取措施，如阻断连接或发出警报，以确保通信网络的安全性。物理安全措施包括确保通信设备的物理安全，如使用防火墙、访问控制等措施来防止未经授权的访问。此外，还应对船舶通信设备进行定期的安全检查和维护，以确保其正常运行和安全性。

（三）船舶通信中传输安全技术的实际应用示例

综合应用传输安全技术，船舶通信可以在复杂多变的海上环境中保持高度的安全性和可靠性，随着技术的不断发展和演进，新的安全技术也将不断涌现，为船舶通信提供更加全面和有效的保护。船舶通信中传输安全技术的实际应用示例：端到端加密（E2EE），在船舶与岸基控制中心之间的通信中，采用端到端加密技术保护敏感数据，如航行计划、船舶状态、货物信息等，使用强大的加密算法（如AES-256）对数据进行加密，确保只有指定的接收者才能解密和访问数据。VPN（虚拟私人网络），船舶通过VPN建立与公司的安全连接，允许船员远程访问公司内部的资源和应用程序，VPN提供加密的通信通道，保护船舶与陆地之间的数据传输不受中间人攻击或数据泄漏。数字签名技术用于验证船舶发送的电子文件、命令或消息的完整性和真实性，船舶使用私钥对文件进行签名，接收方使用公钥进行验证，确保文件在传输过程中未被篡改，并确认发送方的身份。入侵检测和防御系统（IDS/IPS）安装在船舶通信网络中，实时监测网络流量和活动，检测潜在的恶意行为或攻击，一旦发现异常行为，IDS/IPS可以自动采取措施，如阻断连接、记录日志或发出警报，以提醒船员或岸基控制中心采取进一步行动。防火墙和安全访问控制在船舶通信系统中设置防火墙，限制对关键系统和数据的访问。实施安全访问控制策略，如多因素身份验证、角色访问控制等，确保只有授权人员才能访问和操作通信系统。对船舶通信设备进行物理保护，如安装监控摄像头、限制设备访问区域等，对设备进行定期的安全检查和维护，确保其正常运行和安全性。使用安全的通信协议（如TLS/SSL）来加密和保护船舶与岸基控制中心或其他船舶之间的通信，这些协议通过身份验证、加密和完整性检查等机制，确保通信数据的机密性、完整性和真实性。

第四章 船舶数据建模方法

船舶数据建模技术概述

一、船舶数据建模的基本原理

船舶数据建模的基本原理是通过数学方法和计算机技术，将船舶的物理对象或系统转换为数学模型。这些模型可以描述船舶的结构、性能、行为等特征，并用于预测、分析和优化船舶的设计、制造和运营过程。船舶数据建模技术主要是基于模拟真实船只的运动和水动力学原理，以分析和实验船舶的运动特性、稳定性和操纵性。这种技术涉及流体力学和运动学等多个学科的知识，通过模拟船舶在海洋环境中的运动状态，从而获取关于船舶性能的关键数据。船舶数据建模技术首先会建立一个与真实船舶相似的船模，然后在特定的试验环境中（如水池、风洞等）进行模拟测试。在测试过程中，通过测量船模的水动力学效应，如阻力、推力、升力、侧力等，来了解不同船体形状、尺寸和运动条件下的水动力学特性。这些数据对于评估船舶的性能、设计和改进具有重要意义。船舶数据建模技术还会利用计算机模拟技术，对船模的运动状态进行精确控制，从而模拟出真实船舶在各种海洋环境中的运动情况。通过这种方式，可以预测船舶在不同条件下的性能表现，为船舶的设计和运营提供科学依据。

数据建模在船舶数据的应用中通过整合船舶设计、性能评估、结构分析等多方面的数据，为船舶的设计、制造和运营提供有力支持。在船舶设计中，数据建模可以模拟船舶在真实环境中的行为，预测其性能，从而优化设计方案。在船舶性能评估中，数据建模可以分析船舶在不同条件下的反应，如航速、稳定性等，为船舶的安全运行提供保障。数据建模还可以帮助船舶制造商优化生产流程，提高生产效率。对提高船舶的设计、制造和运营效率具有重要意义。各种建模方法各有优缺点，适用于不同的应用场景和需求，在实际应用中，可以根据具体情况选择合适的建模方法或结合多种方法进行建模。

二、统计模型及应用

（一）统计模型基本原理

统计模型在船舶数据建模中扮演着核心角色，其基于严谨的数学原理和统计理论，提供了从船舶数据中提取有价值信息的途径。统计模型的基本原理是基于样本数据来推断总体特征。在船舶领域，我们可以收集各种类型的数据，如船舶的航行速度、燃油消耗、设备故障率等，然后利用统计模型对这些数据进行分析，提取出有价值的信息。统计模型首先建立在一些基础假设之上，如数据的随机性、独立性和正态性。这些假设确保了统计方法的有效性和适用性，在船舶领域，我们假设船舶的航行数据、燃油消耗数据等是随机产生的，并且这些数据点之间是相互独立的。此外，当数据满足正态分布时，我们可以使用更加精确的统计方法来进行分析。统计模型的核心思想是通过样本数据来推断总体的特征。在船舶数据建模中，我们收集到的往往是有限的样本数据，如某艘船舶一段时间内的航行记录。然而，我们希望通过这些样本数据来推断出整个船队或该类型船舶的总体性能或运营情况。统计模型提供了各种方法来估计总体参数，如均值、方差等，从而帮助我们了解总体的特征。

统计模型还涉及概率分布和假设检验的概念。概率分布描述了随机变量的取值规律，如正态分布、泊松分布等。在船舶数据建模中，我们可以根据数据的特性选择合适的概率分布来描述船舶的某个性能指标或运营状态。假设检验是统计模型中的一个重要环节，它用于验证我们关于总体的某个假设是否成立，例如，我们可以假设某艘船舶的燃油消耗率与船舶吨位成正比，并通过假设检验来验证这个假设是否成立。统计模型的最终目的是进行统计推断和预测，通过对样本数据的分析，可以推断出总体的某些特征或参数，如船舶的平均航行速度、平均燃油消耗等，还可以利用统计模型进行预测，如预测未来一段时间内船舶的燃油消耗趋势、设备故障率等，为船舶的运营和维护提供重要的参考依据。

（二）常用的统计模型技术

1. 描述性统计

描述性统计主要用于对船舶数据的基本情况进行描述和概括，如均值（Mean）用于描述数据的平均水平，反映船舶某项指标的总体表现；方差（Variance）衡量数据与其均值之间的偏离程度，反映船舶数据的离散程度；标准差（Standard Deviation）是方差的平方根，同样用于描述数据的离散程度，但数值与数据本身更为接近，易于理解。中位数（Median）是将数据从小到大排序后，位于中间位置的数值，对于偏态分布的数据具有较好的代表性。

2. 推断性统计

推断性统计基于样本数据对总体特征进行推断。以下是几种常用的方法：点估计（Point Estimation）是利用样本数据直接计算总体参数的估计值，如样本均值作为总体均值的估计值。区间估计（Interval Estimation）是在点估计的基础上，给出总体参数的一个可能取值范围，即置信区间。置信区间的宽度与样本量、置信水平等因素有关。假设检验（Hypothesis Testing）是对总体参数的某个假设进行检验，判断该假设是否成立。常用的假设检验方法有Z检验、t检验等。

3. 回归分析

回归分析用于研究一个或多个自变量与因变量之间的关系。几种常用的回归分析方法包括：线性回归分析（Linear Regression Analysis）是假设自变量与因变量之间存在线性关系，通过拟合直线方程来描述这种关系，在船舶领域，可以用于预测船舶的燃油消耗、航行时间等。多元回归分析（Multiple Regression Analysis）是存在多个自变量时，用来研究它们对因变量的共同影响的。当自变量与因变量之间的关系不是线性的时，可以使用非线性回归分析（Nonlinear Regression Analysis）来描述它们之间的关系。

4. 时间序列分析

时间序列分析用于对时间序列数据进行建模和预测。移动平均法（Moving Average Method）是通过计算一定时期内的数据平均值来预测未来的数据值，这种方法简单易行，但可能无法准确反映数据的周期性或趋势性变化。指数平滑法（Exponential Smoothing Method）是对时间序列数据进行平滑处理，以减少数据的随机波动并揭示其内在趋势，常用的指数平滑法有一次指数平滑、二次指数平滑等。自回归模型（Autoregressive Model）是假设时间序列数据之间存在某种依赖关系，即当前数据值受到过去数据值的影响，自回归模型可以根据历史数据预测未来的数据值。ARIMA模型（Autoregressive Integrated Moving Average Model）结合了自回归和移动平均的特点，同时考虑了数据的平稳性和季节性因素。ARIMA模型在船舶故障预测、运营规划等方面得到了广泛的应用。

5. 聚类分析

聚类分析是一种无监督的学习方法，用于将相似的对象归组到不同的类别或簇中，在船舶性能数据分析中，聚类分析可以用于识别具有相似航行模式或性能特征的船舶群体。聚类分析需要从船舶性能数据中选择出与聚类分析相关的特征，如航行速度、燃油消耗、货物装载量等。对选定的特征进行预处理，包括数据清洗、去噪、异常值处理和标准化等，以确保数据的准确性和可比性。根据数据的特性和需求选择合适的聚类算法，如K-Means、层次聚类等。将预处理后的数据输入选定的聚类算法中，进行聚类分析。算法会根据数据之间的相似性将船舶划分为不同的簇。对聚类结果进行解释和分析，了解每个簇中船舶的性能特征和航行模式。这有助于发现潜在的问题和优化点，为船舶运营商提供决策支持。

在船舶性能数据分析中，聚类分析可以帮助运营商识别出性能表现相似或异常的船舶群体，从而采取相应的措施进行优化或改进。例如，对于性能表现较差的船舶群体，可以进一步分析其原因并采取针对性的措施进行改进；对于性能表现优秀的船舶群体，则可以总结其成功经验并推广到其他船舶上。

6. 主成分分析（PCA）

主成分分析（PCA）是一种用于数据降维和特征提取的统计方法，在船舶性能数据分析中，PCA可以帮助我们识别出数据中的主要成分或特征，以便更好地理解数据的结构和关系。PCA首先对船舶性能数据进行标准化处理，以消除不同特征之间的量纲差异，计算标准化后数据的协方差矩阵，以衡量不同特征之间的相关性。通过求解协方差矩阵的特征值和特征向量，可以得到数据的主成分。特征值表示了对应主成分的重要性或贡献度，而特征向量则表示了对应主成分的方向。根据特征值的大小选择前k个主成分，其中

k是一个超参数，需要根据实际需求进行设定，选择的主成分应该能够解释数据中的大部分变异信息。将原始数据转换为选定的主成分表示形式。这可以通过将原始数据乘选定的特征向量矩阵实现。对转换后的数据进行解释和分析，了解每个主成分所代表的含义和贡献度。这有助于我们更好地理解数据的结构和关系，并据此进行后续的分析和决策。

在船舶性能数据分析中，PCA可以帮助我们识别出数据中的主要成分或特征，从而简化数据的复杂性并降低分析的难度。通过选择重要的主成分进行后续分析，我们可以更加深入地了解船舶性能的特点和规律，为船舶运营商提供更加准确和有效的决策支持。同时，PCA还可用于数据可视化，通过将数据投影到低维空间中并绘制散点图或热力图等图表来展示数据的分布和关系。

7. 关联分析

关联分析在船舶性能数据中帮助船舶运营商理解不同性能指标之间的相互作用规律，以便做出更优化的运营决策。在船舶运营中，船舶航速和燃油消耗率是两个核心的性能指标，通过关联分析可以计算这两个指标之间的相关系数或协方差，以揭示它们之间的关联程度。如果相关系数为正且值较大，说明航速和燃油消耗率之间存在较强的正相关关系，即航速增加时，燃油消耗率也相应增加。这种关联关系为船舶运营商提供了重要的信息：为了降低燃油消耗，可能需要适当降低航速。关联分析的结果还可以进一步通过数据可视化的方式呈现，如散点图或趋势线，使得分析结果更加直观易懂。通过这些分析结果，船舶运营商可以制定更合理的航行策略，以平衡航速和燃油消耗之间的关系，从而达到节能减排、提高经济效益的目的。

8. 预测分析

预测分析在船舶运营通过建立数学模型，利用历史数据来预测船舶未来的性能。这种预测能力使得船舶运营商能够提前了解船舶性能的变化趋势，从而制定相应的应对措施，确保运营的顺利进行。以船舶运载量和燃油消耗为例，这两个指标直接关系到船舶的运营效率和成本。通过预测分析，船舶运营商可以基于历史数据建立预测模型，预测未来某个时间段内的船舶运载量和燃油消耗。这些预测结果不仅可以帮助运营商合理安排船舶的调度和航线规划，还可以为采购、维护和成本控制等方面提供重要的参考。在预测分析中，常用的方法包括时间序列分析、回归分析、机器学习等。这些方法可以根据数据的特性和需求进行选择和调整，以获取更准确的预测结果。同时，随着技术的不断发展，预测分析的准确性和可靠性也在不断提高，为船舶运营商提供了更加科学、精准的决策支持。

9. 多元统计分析技术

多元统计分析技术是从经典统计学中发展起来的一个分支，是一种综合分析方法，能够在多个对象和多个指标互相关联的情况下分析它们的统计规律。多元统计分析技术是一种强大的数据分析工具，它能够在多个变量和指标之间建立复杂的统计关系模型，通过运用回归分析、主成分分析、因子分析、聚类分析等方法，多元统计分析技术能够揭示数据中的隐藏规律和模式，帮助研究者深入理解数据背后的含义。这种技术广泛应用于社会科学、自然科学、经济管理等领域，为决策制定、风险评估、市场预测等提供科学依据。多元统计分析技术不仅能够处理大量复杂数据，还能够有效提取信息，为解决实际问题提供有效支持。在船舶性能数据的统计分析中，这些技术可以帮助我们更深入地了解船舶性能的特点和规律，为船舶运营商提供决策支持。同时，随着计算机技术和大数据的发展，这些技术在处理大规模、复杂数据方面也将发挥越来越重要的作用。

（三）统计模型船舶应用的示例

统计模型在船舶数据中应用广泛。例如，统计模型可以提供多种预测方法，如时间序列分析中的指数平滑法或ARIMA模型可以用于预测未来一段时间内的运营成本趋势。回归模型可以进一步考虑其他因素（如燃油价格、航线长度、船舶类型等）对运营成本的影响，提供更为准确的预测结果，机器学习算法，如随机森林或神经网络，也可以用于构建预测模型，处理非线性关系和复杂交互。在船舶故障率分析中，统计模型的应用更为广泛，生存分析模型（如Weibull或指数分布模型）可以用来估计船舶部件或系统的寿命分布，预测故障发生的时间和频率。故障树分析（FTA）和事件树分析（ETA）等统计方法可用于识别导致故障的关键因素和路径，从而制定有效的故障预防措施。通过收集和分析船舶的历史航行数据，如航速、航向、油耗等，统计模型可以帮助识别出最优的航线，例如，利用回归分析或机器学习算法，可以预测不同航线上的航行时间和油耗，从而选择出既经济又高效的航线，帮助船舶运营商降低运输成本，提高运输效率。

三、机器学习法及应用

（一）机器学习的概念

机器学习，是人工智能领域中的一个重要分支，核心概念在于赋予计算机自我学习和改进的能力。与传统的编程方式不同，机器学习不再依赖人工编写的固定规则和算法，而是让计算机从海量的数据中自主寻找规律，提取有用信息，进而做出准确的判断和预测。例如，如果我们想要让计算机识别出一张图片中的动物种类，传统的方法可能需要我们编写复杂的算法来定义每种动物的特征。而在机器学习中，我们只需要收集大量标注了动物种类的图片，并将这些数据输入训练模型中，模型会通过学习和调整自身参数，自动从这些数据中提炼出识别动物的关键特征。最终，经过训练的模型就能够对新的、未标注的图片进行准确的分类。机器学习不仅简化了编程过程，还大大提高了处理复杂问题的效率。无论是在医疗、金融、交通还是娱乐等领域，机器学习都发挥着不可或缺的作用，推动着科技的进步和社会的发展。

（二）机器学习的原理

机器学习的原理基于对数据的深入分析和模型的优化。在机器学习中，我们通常使用一种称为"模型"的数学结构来表示数据的规律和模式。这个模型可以是一个简单的线性方程，也可以是一个复杂的神经网络。训练模型的过程是一个迭代优化的过程。首先，我们将训练数据输入模型中，通过前向传播得到模型的输出。其次，我们将模型的输出与真实的标签进行比较，计算损失函数的值。损失函数反映了模型预测的准确性，其值越小，说明模型的预测越准确。接下来，我们使用反向传播算法来计算损失函数对模型参数的梯度。梯度表示了损失函数随参数变化的方向和速率。通过沿着梯度的反方向更新模型参数，我们可以逐步减小损失函数的值，使模型逐渐逼近最优解。经过多次迭代和优化，模型的性能会得到显著提高。最终，我们可以得到一个能够准确预测新数据的机器学习模型。

（三）船舶领域机器学习技术

1. 监督学习（Supervised Learning）

在船舶维护中，故障类型的准确分类对于保障船舶的安全和减少停机时间至关重要，利用监督学习中的分类算法，构建一个故障分类模型，该模型能够根据历史故障数据学习各种故障类型的特征，这些历史数据通常包括详细的故障描述、传感器读数（如发动机温度、油压等）、运行时间、船舶位置等，通过将这些数据作为输入，与已知的故障类型标签进行对应，模型能够学习到不同故障类型的识别模式。当新的故障发生时，模型可以接收实时的传感器数据作为输入，并自动将其分类为已知的故障类型之一，这种自动化的故障分类不仅提高了诊断的准确性，还大大减少了维修人员的工作量和诊断时间。此外，模型还可以持续学习并适应新的故障类型，随着数据的积累，其分类能力将不断提高。

船舶的性能预测对于制订航行计划、优化能源利用和提高运营效率至关重要。监督学习中的回归算法能够帮助我们实现这一目标。通过分析船舶的航行数据、载重情况、气象条件（如风速、浪高、潮汐等）以及其他相关因素，我们可以构建一个性能预测模型。这个模型可以学习出不同因素与船舶性能指标（如燃油消耗率、航行速度、航程时间等）之间的关联关系。当给定特定的航行条件和载重情况时，模型可以预测出船舶的性能表现。这种预测能力使得船舶运营方能够提前规划航行路线、调整航行速度或载重分布，以优化能源利用和减少运营成本。性能预测模型可以帮助船舶运营方及时发现潜在的性能问题或异常情况，并采取相应的措施进行干预和调整，对提高船舶的安全性和运营效率具有重要意义。

2. 无监督学习（Unsupervised Learning）

在船舶运营领域，无监督学习中的聚类算法为分析船舶的航行模式提供了强有力的工具。通过收集船舶的航行轨迹、速度、方向、航行时间等大量数据，我们可以利用聚类算法来揭示隐藏在这些数据中的航行模式。聚类算法能够自动将相似的航行模式划分为同一类别，而不同类别的航行模式则具有显著的差异。这样的分组不仅可以帮助我们理解船舶在不同条件下的航行行为和习惯，还能揭示出船舶在不同航线、不同时间段内的航行特点。这种基于聚类分析的航行模式通过识别出高效的航行模式，运营方可以优化航线规划，减少不必要的航行时间和距离，从而降低燃油消耗和运营成本。聚类分析还可以帮助运营方发现潜在的航行风险，如频繁发生的拥堵区域或不良天气条件下的航行风险，从而提前采取预防措施，确保船舶的安全运营。

在船舶数据分析中，船舶数据中往往包含大量的特征变量，如传感器读数、航行参数、环境数据等。这些变量之间可能存在冗余或相关性，使得数据分析变得复杂且效率低下。为了降低数据处理的复杂性并提高机器学习模型的效率和准确性，我们可以利用无监督学习中的降维算法对船舶数据进行处理。降维算法（如主成分分析PCA）通过寻找数据中的主成分或主要变化方向，将原始的高维数据投影到一个低维空间中。在这个低维空间中，数据的主要变化和信息得以保留，而冗余和噪声则被过滤掉。这样处理后的数据不仅维度更低，而且更加易于处理和分析。降维算法的应用可以更好地理解船舶数据的内在结构和特征，通过减少数据的维度，降低计算复杂度，提高机器学习模型的训练速度和准确性。降维后的数据还可以用于可视化分析，帮助研究人员和运营方更直观地理解船舶数据的分布和变化规律。这对于发现潜在的问题、制定有效的运营策略具有重要意义。

3. 强化学习（Reinforcement Learning）

强化学习（Reinforcement Learning）在智能无人船舶自主导航中的应用。随着科技的不断发展，智能无人船舶作为海洋运输和海洋探索的新趋势，其自主导航技术愈发受到关注。在这个领域，强化学习技术正逐步成为关键工具，以其独特的试错学习机制为智能无人船舶的自主决策和高效航行提供了强有力的支持。强化学习是一种通过与环境进行交互来学习最优行为策略的机器学习技术。在智能无人船舶的自主导航中，强化学习算法可以模拟人类驾驶员的决策过程，让船舶在模拟或真实环境中进行试错学习。通过不断尝试不同的航行策略和动作，船舶可以获得环境反馈的奖励或惩罚信号，进而调整其行为策略，以最大化长期累积的奖励。

在智能无人船舶的自主导航中，强化学习算法可以应用于多个方面。首先，在避障方面，船舶需要能够准确感知周围环境中的障碍物，并做出及时的避让动作，强化学习算法可以通过模拟碰撞事件并赋予负向奖励，让船舶学会如何避开障碍物，保证航行的安全性，在速度控制方面，船舶需要根据当前的环境条件和任务需求，合理调整航行速度。强化学习算法可以通过调整速度参数并观察其对航行效率和安全性的影响，逐渐学习在不同情况下的最佳速度策略。在路径规划方面，船舶需要在复杂的水域环境中找到一条既安全又高效的航行路径。强化学习算法可以通过探索不同的路径选项，并基于奖励信号来评估每条路径的优劣，从而选择出最优的航行路径。通过强化学习技术的应用，智能无人船舶可以逐渐学会如何在不同的环境条件下做出最优的航行决策。这种自主决策能力不仅可以提高船舶的航行效率和安全性，还可以减少对人类驾驶员的依赖，降低人力成本。同时，随着技术的不断进步和数据的不断积累，强化学习算法的性能也将不断提高，为智能无人船舶的自主导航提供更加可靠和高效的支持。

4. 神经网络与深度学习（Neural Networks and Deep Learning）

随着船舶技术的不断发展和智能化水平的提高，传统的数据处理和分析方法已经难以满足现代船舶运营对准确性和效率的要求。在这个背景下，神经网络和深度学习技术凭借其强大的数据处理能力和学习能力，为船舶领域带来了革命性的变革。在船舶故障诊断方面，深度学习模型表现出了非凡的潜力。船舶作为一个复杂的系统，其故障的发生往往涉及多个传感器和系统的数据。传统的故障诊断方法通常需要依靠专家的经验和知识，对多个数据进行人工分析和判断，这既耗时又容易出错。而深度学习模型则可以通过自动学习的方式，从大量的传感器数据中提取出有用的特征，并发现故障发生的规律和模式。这使得船舶故障诊断的准确性和效率得到了显著提高，有助于及时发现并修复故障，提高船舶的可靠性和安全性。

除了故障诊断，深度学习还可以应用于船舶的能效优化。船舶的能效是影响其运营成本和环境影响的重要因素。通过深度学习模型，可以对船舶的航行数据、载重情况、气象条件等进行分析，预测出船舶在不同条件下的能效表现。基于这些预测结果，可以对航行计划进行优化，如调整航行速度、优化航线规划等，以实现能效的最大化。这不仅可以降低船舶的运营成本，还可以减少对环境的影响，符合可持续发展的要求。深度学习还可以用于船舶的货物配载。货物配载是船舶运营中的重要环节，其合理性直接影响到船舶的装载效率和安全性。通过深度学习模型，可以对货物的类型、数量、重量等因素进行分析，预测出不同配载方案对船舶性能的影响。基于这些预测结果，可以制定出最优的货物配载方案，提高船舶的装载效率和安全性。

5. 集成方法（Ensemble Methods）

在船舶数据分析的复杂环境中，单一机器学习模型往往难以达到理想的预测准确性和稳定性。此时，集成方法便成了一个强有力的工具，它通过结合多个模型的预测结果，以达到提高整体预测性能的目的。集成方法的基本思想是将多个不同的机器学习模型进行组合，利用这些模型的多样性来弥补各自的不足。这些模型可以是基于不同的算法（如决策树、支持向量机、神经网络等），也可以是基于同一算法但使用不同参数或训练数据的。通过将这些模型进行集成，可以获得一个更强大、更全面的预测系统。

在船舶故障诊断方面，集成方法可以通过结合多个故障诊断模型的预测结果，来提高故障诊断的准确性和可靠性，由于不同的模型可能具有不同的敏感性和特异性，因此将它们进行集成可以更好地覆盖故障发生的各种可能性，减少误报和漏报的情况。在船舶性能预测方面，集成方法同样可以发挥重要作用，通过结合多个性能预测模型的预测结果，可以获得更准确的性能预测值，这有助于船舶运营方更好地了解船舶在不同条件下的性能表现，从而制订更合理的航行计划和运营策略。集成方法还可以用于船舶数据中的异常检测、趋势预测等方面，例如，在船舶传感器数据的分析中，集成方法可以帮助我们发现那些与正常模式不符的异常数据点，从而及时发现并处理潜在的问题，通过集成多个趋势预测模型的预测结果，我们可以获得更准确的未来趋势预测，为船舶运营方提供更有价值的决策支持。

6. 迁移学习（Transfer Learning）

在船舶领域，随着智能化和自动化的推进，机器学习模型的应用变得越来越广泛。然而，对于每艘新船舶或每个新的船舶应用场景，从零开始收集数据和训练模型往往是一个耗时且成本高昂的过程。这时，迁移学习技术便展现出了其独特的优势。迁移学习是一种机器学习方法，它能够将在一个任务上学到的知识和技能迁移到另一个相关的任务上。在船舶领域，这意味着我们可以将在其他船舶或相似场景下训练好的机器学习模型，经过适当的调整和优化，应用于新的船舶或新的应用场景中。

迁移学习在船舶领域的应用主要体现在以下几个方面，快速适应新环境：当新的船舶投入使用或船舶进入新的运营环境时，利用迁移学习技术，我们可以将已有的模型快速迁移到新的环境中。这不仅可以大大减少数据收集和模型训练的时间和成本，还能够确保模型在新的环境中具有良好的表现。提高模型性能：通过迁移学习，我们可以利用已有的知识和经验来优化新模型的训练过程。例如，在船舶故障诊断中，我们可以将在其他船舶上训练好的故障诊断模型迁移到新的船舶上，并利用新的数据对模型进行微调。这样，新的模型就能够更好地适应新的环境和条件，提高故障诊断的准确性和效率。解决数据稀疏问题：在船舶领域，某些特定的故障或异常情况可能并不常见，导致相关的数据非常稀少。在这种情况下，直接使用传统的机器学习方法可能无法取得理想的结果。然而，通过迁移学习，我们可以利用在其他船舶或相似场景下收集到的数据来训练模型，并通过微调来适应新的环境和条件。这样，即使在新的环境中数据非常稀少，我们也能够获得较好的预测结果。促进知识共享：迁移学习技术还有助于促进船舶领域的知识共享和合作。通过共享已有的模型和训练数据，不同的研究团队或船舶运营方可以更快地开发出高效、准确的机器学习模型，从而推动整个船舶领域的智能化和自动化发展。

（四）机器学习在船舶数据应用中的重要性

机器学习在船舶数据应用中极大地推动了船舶领域的智能化和自动化发展。机器学习算法能够处理和分析大量的船舶数据，从而更准确地预测船舶的性能、故障以及优化路径等，这种预测能力有助于船舶运营者做出更明智的决策，提高船舶的效率和安全性。机器学习可以自动从数据中提取有用的信息，减少了对人工分析的依赖，这使得船舶的监控、维护和运营过程更加自动化和智能化，降低了人力成本，提高了工作效率。通过对船舶运行数据的分析，机器学习算法可以预测潜在的故障，并提前进行维护和修复。这有助于减少船舶的停泊时间和运营成本，提高船舶的可靠性和性能。机器学习算法可以学习历史设计数据，自动生成新的船体外形和结构设计方案，并在不断优化中得到更加优秀的设计。这可以显著提高船体设计效率，降低设计成本。

四、深度学习算法

（一）深度学习原理

深度学习算法是一种在机器学习领域中广泛应用的技术，它的核心思想是通过模拟人类大脑的神经网络结构和功能，实现对复杂问题的解决和判断。基本原理的核心思想是通过神经网络的层级化表示来学习和提取数据的高层次特征。神经网络通常包括输入层、隐藏层和输出层，信息从输入层进入神经网络，通过隐藏层的多次处理和传递，最终得到输出结果。深度学习算法的工作原理是模拟人类大脑神经网络的工作原理，实现对大规模数据的模式识别和学习能力。每个神经元的输入信号由其他神经元的输出信号通过连接权重进行传递，这种权重可以通过训练算法自动调整，使得神经网络能够学习到输入信号与输出信号之间的映射关系。激活函数用于对神经元的输入信号进行非线性变换，增加网络的表达能力。它有助于网络学习并逼近复杂的非线性函数。深度学习算法的训练过程通常包括前向传播和反向传播两个阶段。在前向传播阶段，输入数据通过神经网络进行计算并产生输出结果，然后，根据输出结果和真实标签之间的差异计算损失函数。在反向传播阶段，根据损失函数的梯度信息更新网络的权重参数，以最小化损失函数。

（二）应用领域

深度学习算法在多个领域都取得了显著成果，包括图像识别、自然语言处理、医学影像分析、语音识别等。例如，在图像识别领域，深度学习算法通过建立多层神经网络对图像数据进行学习和训练，实现对图像中物体的识别和分类。在自然语言处理领域，深度学习算法可以自动提取文本中的特征并实现自动翻译、文本分类和情感分析等任务。

五、其他船舶数据建模方法及应用

除统计学建模、机器学习和深度学习外，以下是几种常用船舶数据建模方法。

（一）决策树和随机森林

决策树是一种监督学习算法，用于分类和回归问题。在船舶数据建模中，决策树可以应用于多个方面，如船舶性能预测、故障诊断等。决策树的结构直观，易于被非技术人员理解，能够自然地处理非线性关系，无须进行复杂的特征转换。可以处理分类和回归问题。在船舶数据建模中，通过构建决策树模型，根据船舶的历史数据预测其未来的性能表现。决策树可以用于分析船舶设备的故障数据，找出故障发生的原因和规律，帮助维修人员快速定位问题。

随机森林是一种基于决策树的集成学习方法，通过构建多个决策树并进行投票或平均来得出最终预测结果。由于集成了多个决策树的预测结果，随机森林通常比单个决策树具有更高的准确性。通过随机选择特征和样本进行训练，随机森林能够有效地防止过拟合现象。随机森林能够处理具有大量特征的数据集，而无须进行烦琐的特征选择过程。在船舶数据建模中，应用于船舶能效优化，随机森林可以用于分析船舶的能效数据，找出影响能效的关键因素，为能效优化提供决策支持。规划船舶航线，通过构建随机森林模型，根据船舶的历史航行数据和海洋环境数据预测最佳的航线选择，提高航行效率。诊断与预测船舶故障，随机森林可以用于分析船舶设备的故障数据，预测设备可能的故障类型和时间，为维修人员提供预警信息。

决策树和随机森林在船舶数据建模中都具有广泛的应用前景。选择哪种算法取决于具体的问题和数据特点。例如，如果数据集较小且易于理解，决策树可能是一个更好的选择；而如果数据集较大且需要更高的预测准确性，则可以考虑使用随机森林。

（二）在线辨识建模技术

在线辨识建模技术在船舶动力系统的应用中，为故障的诊断和系统的优化提供了有力的支持。在船舶的推进系统或操纵系统中，由于设备老化、环境变化或操作不当等原因，可能会引发各种故障。通过在线辨识建模技术，我们可以在船舶运行过程中实时地对系统进行监测和诊断。这一技术通过闭环系统施加激励，收集系统的输入输出数据，并利用频域辨识方法分析这些数据，从而得出系统的频率特性函数。这一函数能够反映系统的动态性能，帮助我们准确判断系统是否出现故障，以及故障的类型和程度。一旦确定了系统故障，我们便可以利用在线辨识建模技术进行系统的重构控制。通过对系统稳定裕度的计算，我们能够了解系统在当前工况下的稳定性状况。基于这些信息，我们可以采取相应的控制措施，如调整系统参数、优化操作策略等，以提高系统的稳定性和运行效率。这种实时的故障辨识与重构控制技术，能够确保船舶在各种复杂工况下都能保持安全、高效的运行状态，为船舶的安全航行提供了有力保障。

（三）基于3D CAD软件的建模

在船舶设计领域，3D CAD软件已成为工程师们不可或缺的工具。这些软件，如AutoCAD、SolidWorks、CATIA等，为工程师们提供了一个直观、高效的平台，以快速而精确地构建船舶的三维模型。通过3D CAD软件，工程师们能够详细地定义船舶的各个部分，包括船体、船舱、甲板、船桥等，并根据设计要求和规格进行精确调整。这种建模方法不仅极大地提高了设计效率，而且确保了设计的准确性和可靠性。在船舶的初步设计阶段，3D CAD软件能够帮助工程师们快速生成多个设计方案，并通过可视化手段进行比较和评估。工程师们可以根据需要调整船体形状、尺寸和布局，以优化船舶的性能和舒适度。在详细设计阶段，3D CAD软件则能够进一步细化设计，包括船舶的各个细节部分，如船体结构、管道系统、电气布线等。通过精确地建模和模拟，工程师们可以预测船舶在实际运行中的性能表现，从而及时发现并解决问题，确保设计的成功实施。

（四）参数化建模

参数化建模在船舶设计领域的应用日益广泛，成为快速建模方案中的关键一环。这种方法的核心在于利用参数来描述和定义船舶的几何特征。这些参数可以是船首的长度、宽度、高度、吃水深度等基本尺寸，也可以是船体曲线的曲率、船艏形状等更复杂的特征。通过设定和调整这些参数值，设计师可以灵活地改变船舶的外形，以满足不同的设计需求。参数化建模的优势在于其高度的灵活性和效率。传统的建模方法往往需要手动绘制和编辑每一个细节，而参数化建模则可以通过调整参数值来自动更新整个模型。这不仅大大减少了设计师的工作量，还提高了建模的准确性和一致性。此外，参数化建模还便于进行批量处理和优化，可以快速生成多个设计方案并进行比较，从而选择出最优的船舶设计。

在船舶设计的实际应用中，参数化建模展示了其独特的优势。可以根据客户需求和市场趋势，快速创建出各种类型和规格的船舶模型。无论是货船、客船、油轮还是军舰，都可以通过调整参数值来轻松实现。此外，参数化建模还支持快速迭代和优化设计。当设计师发现某个设计方案存在问题或需要改进时，只需要调整相应的参数值，就可以立即看到修改后的效果。这种实时的反馈机制使得设计师能够更快地找到问题的根源并进行解决，从而加快设计进度和提高设计质量。

（五）基于零件库的建模

基于零件库的建模方法的核心在于预先建立和组织一系列标准化的零件和模块。这些零件库通常包含了船舶设计所需的各种部件，如船体、船桥、船机等，它们都是经过精心设计和验证的标准组件。通过零件库，工程师们可以快速检索到所需的零件，并将其组合起来，从而迅速构建出完整的船舶模型。这种建模方法的优势在于其高效性和准确性。由于零件库中的每个零件都是标准化的，因此它们之间的接口和配合都是经过严格测试的，从而确保了模型的准确性和可靠性。此外，零件库的使用还大大减少了工程师们在设计过程中的重复劳动，提高了工作效率。他们只需要在零件库中选择合适的零件，进行简单的组合和调整，就可以快速完成船舶的初步设计。

在船舶设计的实际应用中，基于零件库的建模方法展现出了其独特的价值。工程师们可以根据项目需求，快速从零件库中选择出合适的零件，进行组装和调整。这种模块化的设计方式使得船舶设计更加灵活和可定制。无论是修改船舶的某个部件，还是增加新的功能，都可以通过调整零件库中的相关零件来实现。此外，零件库还支持快速迭代和优化设计。工程师们可以根据测试结果或客户反馈，对零件进行微调或替换，从而不断改进和完善设计方案。

（六）基于知识库的建模

在船舶设计领域，基于知识库的建模方法已成为一种高效且准确的设计工具。这种方法的核心在于充分利用现有的船舶设计知识和经验，通过构建一个全面且易于访问的知识库，为建模过程提供强大的指导。这个知识库包含了丰富的船舶设计知识，如船舶类型、结构特点、材料选择、设计准则等，以及过去成功的设计案例和专家经验。通过查询和应用这些知识，工程师们可以在建模过程中快速找到适合的设计方案，避免重复劳动，从而提高建模的效率和准确性。基于知识库的建模方法不仅提高了设计效率，还确保了设计质量。工程师们可以借鉴过去成功的设计经验，避免在设计中出现类似以前出现过的错误。此外，通过不断将新的设计知识和经验添加到知识库中，工程师们可以不断学习和成长，提高自己的设计能力。

尽管以上各种建模方法都有其独特的优点和局限性，但它们各自适用于不同的应用场景和需求。例如，基于物理的建模方法能够模拟船舶在真实环境中的行为，为性能预测提供准确的数据支持，但计算复杂度高，需要较高的计算能力。而基于参数化的建模方法则能够快速生成多种设计方案，便于比较和优化，但在处理复杂设计问题时可能显得力不从心。在实际应用中，工程师们需要根据项目的具体需求和约束条件，选择合适的建模方法或结合多种方法进行建模。他们可以根据项目的复杂程度、设计精度要求、计算资源等因素进行权衡和选择，找到最适合项目的建模方法。此外，随着技术的不断发展和创新，新的建模方法也将不断涌现，为船舶设计领域带来更多的可能性和机遇。

（七）基于物理的建模方法

这种方法通过模拟船舶在真实环境中的行为来预测其性能。在建模过程中，需要深入理解和运用流体力学、结构力学、船舶动力学等多个学科的知识。流体力学帮助我们理解船舶与水的相互作用，如阻力、浮力等；结构力学则关注船舶本身的结构强度、稳定性和变形等；而船舶动力学则研究船舶的运动特性，如航速、操纵性等。通过综合考虑这些学科的知识，基于物理的建模方法能够构建一个与真实环境高度相似的虚拟场景。在这个场景中，我们可以模拟船舶在不同海况、不同航行条件下的行为，如航行轨迹、波浪响应等。这种模拟能够帮助我们更加准确地预测船舶的性能，如燃油消耗、航行时间等，为船舶设计、性能评估和优化提供有力支持。

基于物理的建模方法的优点在于其高度的准确性和可靠性。通过模拟真实环境中的船舶行为，我们能够获取与实际情况更为接近的预测结果。这不仅有助于我们在设计阶段发现并解决问题，还可以提高船舶在实际运行中的安全性和效率。此外，基于物理的建模方法还具有较强的可扩展性和灵活性。可以根据具体需求对模型进行定制和调整，以适应不同的应用场景。这种方法也存在一些挑战和限制：由于需要综合考虑多个学科的知识，建模过程可能相对复杂和耗时。此外，对计算资源的需求也较高，需要较高的计算能力来支持复杂的模拟计算。尽管如此，随着计算机技术的不断发展，我们有理由相信基于物理的建模方法将在船舶设计领域发挥越来越重要的作用。

模型在船舶操作中的应用

一、简述模型在船舶操作中的重要性和作用

模型作为一种工具或方法，能够帮助我们更加深入地理解和模拟船舶在不同环境和条件下的行为和性能，这种深入的理解是制定有效航行策略、优化能效管理、诊断设备故障以及评估运营风险的基础。模型在船舶性能优化方面发挥着关键作用，通过利用模型预测和优化船舶的燃油消耗，我们可以实现节能减排的目标，降低运营成本，并减少对环境的影响，模型还可以用于船舶航线规划，通过模拟和分析不同航线对船舶性能和油耗的影响，选择最佳的航行路径，提高航行效率。在船舶故障诊断与预测方面，通过构建故障诊断模型，能够快速准确地识别船舶设备存在的故障，并采取相应的维护措施，利用故障预测模型预测船舶设备未来可能出现的故障，提前进行维护和修理，避免设备故障对航行安全造成影响。在船舶运营管理方面，通过构建船舶调度优化模型，可以优化船舶的调度和分配，提高运营效率，降低运营成本，利用模型评估船舶运营中的风险为决策提供有力支持，降低运营风

险。模型在船舶操作中不仅提高了船舶操作的效率和安全性，还有助于降低运营成本、减少污染排放，推动船舶行业的可持续发展。

二、船舶数据中统计模型的应用

（一）船舶性能评估

船舶性能评估是确保船舶安全、高效运营的关键步骤。在船舶运营管理中，对船舶性能的深入了解和准确评估，对于船舶设计改进、运营策略制定以及成本控制等方面都具有重要意义。统计模型作为数据分析的重要工具，在船舶性能评估中发挥着不可或缺的作用。船舶性能评估涉及多个方面，包括航行速度、燃油消耗、载重能力、设备故障率等关键指标。这些指标直接反映了船舶的运营效率和安全性。通过收集和分析这些数据，我们可以全面了解船舶的性能状况，为后续的改进和优化提供依据。

在船舶性能评估中，统计模型的应用广泛。数据预处理，船舶性能数据往往包含大量的噪声和异常值，这些因素会对评估结果产生干扰。因此，在进行分析之前，需要对数据进行预处理，包括数据清洗、异常值处理、缺失值填充等步骤。统计模型中的一些方法，如均值插补、中位数插补等，可以有效地处理缺失值和异常值，提高数据的质量。性能指标分析，通过对航行速度、燃油消耗、载重能力等关键指标进行统计分析，我们可以了解这些指标在不同工况下的表现情况。例如，利用描述性统计方法（如均值、标准差、最大值、最小值等）可以描述这些指标的整体分布情况；而利用箱线图、直方图等可视化工具则可以更直观地展示数据的分布情况。这些分析结果有助于我们识别船舶性能的优劣点，为后续的改进提供依据。性能影响因素分析，船舶性能受到多种因素的影响，如船型、船龄、载重、天气条件等，通过回归分析等统计方法，研究这些影响因素与船舶性能之间的关系，并找出其中的关键因素，例如，可以建立多元线性回归模型，将航行速度作为因变量，将船型、船龄、载重等作为自变量进行回归分析。通过模型的系数和显著性检验，可以了解这些因素对航行速度的影响程度和方向。性能预测与优化，基于历史数据和统计模型，可以预测船舶在未来某个时间段内的性能表现，例如，我们可以利用时间序列分析或机器学习算法建立预测模型，对船舶的燃油消耗进行预测，通过预测结果，我们可以制定相应的节能措施和运营策略，提高船舶的能效水平，利用优化算法对船舶性能进行优化设计，如通过调整船型、优化船体结构等方式来提高船舶的航行速度和载重能力。

统计模型在船舶性能评估中通过收集和分析船舶性能数据，利用统计模型进行指标分析、影响因素分析以及性能预测与优化，我们可以全面了解船舶的性能状况，为船舶设计改进、运营策略制定以及成本控制等方面提供有力支持。随着大数据和人工智能技术的不断发展，未来统计模型在船舶性能评估中的应用将会更加广泛和深入。

（二）航线优化

航线优化是船舶运营中不可或缺的一环，它直接关系着船舶的运输效率、运营成本以及航行安全。随着科技的进步和数据的积累，传统的航线规划方法已经无法满足现代船舶运营的需求，因此，利用统计模型进行航线优化成为船舶运营管理的重要趋势。航线优化旨在找到一条或多条既经济又安全的航线，使船舶能够在保证货物安全到达目的地的同时，实现运营成本的最低化。这要求船舶运营商必须充分考虑各种因素，如航行距离、航行时间、燃油消耗、天气条件、海洋环境、交通状况等。统计模型的应用，可以帮助我们更好地理解和处理这些因素，从而实现航线的优化。

统计模型在航线优化中的应用体现在对航行数据的深入分析上，通过对船舶的历史航行数据进行收集和分析，我们可以了解船舶在不同航线上的航行时间、油耗、安全状况等关键信息，帮助评估当前航线的优劣，为制定新的航线提供参考。统计模型可以帮助我们预测未来航线上的各种情况，例如，利用时间序列分析模型，我们可以预测未来某个时间段内特定海域的天气状况和海洋环境；利用机器学习算法，可以预测未来航线的交通状况，包括其他船舶的航行轨迹和数量。这些预测结果可以提前规避潜在的风险，选择更加安全、经济的航线。统计模型还可以用于评估不同航线之间的经济效益，通过对不同航线上的油耗、时间成本、安全风险等因素进行综合评估，计算出每条航线的总成本。然后，利用决策树、支持向量机等分类算法，对不同航线进行分类和排序，找出最优的航线方案。在航线优化的过程中，还需要考虑一些特殊因素，如船舶的载重能力、船型、船龄等。这些因素会影响船舶在不同航线上的航行性能和燃油消耗，需要将这些因素纳入考虑范围，以确保优化结果的准确性和可靠性。

（三）市场趋势分析

在船舶行业中，市场趋势分析是制定长期战略、规划业务发展和做出投资决策的重要依据。随着全球化贸易的不断发展，船舶市场受到多种因素的影响，如全球经济形势、贸易政策、技术进步、环境保护法规，通过统计模型进行深入的市场趋势分析，对于船舶企业、投资者以及政策制定者来说都至关重要。市场趋势分析主要关注的是船舶市场的供求关系、价格波动、市场结构以及未来发展趋势等方面。统计模型的应用，使得我们能够更加科学、准确地分析这些趋势，并为企业决策提供有力支持。

利用统计模型分析船舶市场的供求关系，通过收集和分析船舶市场的供求数据，如新船订单量、船舶交付量、船舶拆解量等，了解当前市场的供需状况，利用回归分析、时间序列分析等方法，预测未来一段时间内船舶市场的供求趋势，为企业的产能规划和市场营销策略提供参考。利用统计模型分析船舶市场的价格波动，船舶市场价格受到多种因素的影响，如原材料价格、劳动力成本、汇率变动等，通过收集和分析这些价格数据，了解船舶市场价格的波动规律和趋势，利用统计模型中的预测方法，如移动平均法、指数平滑法等，预测未来一段时间内船舶市场价格的变化趋势，为企业制定价格策略提供依据。利用统计模型分析船舶市场的市场结构，船舶市场存在不同的市场参与者，如船舶制造商、船东、租船公司等，通过分析这些市场参与者的数量、规模、市场份额等数据，了解市场的竞争程度和竞争格局，利用聚类分析、主成分分析等统计方法，对市场参与者进行分类和比较，找出市场中的优势企业和潜在竞争者，为企业的竞争策略提供参考。利用统计模型预测船舶市场的未来发展趋势，随着全球经济的不断发展和贸易结构的调整，船舶市场也在不断变化，通过收集和分析历史数据，利用统计模型中的预测方法，预测未来一段时间内船舶市场的规模、结构、需求等方面的变化趋势，这些预测结果可以帮助企业制定长期战略、规划业务发展和做出投资决策。

（四）风险管理

在船舶行业中，风险管理是确保业务稳定运营和持续发展的重要环节。船舶运营涉及众多不确定因素，如天气变化、海上事故、政治风险、经济波动等，这些因素都可能对企业的运营和财务状况产生重大影响。因此，建立完善的风险管理体系，利用统计模型进行风险识别、评估和监控，对于船舶企业来说至关重要。风险管理主要包括风险识别、风险评估、风险控制和风险监控四个步骤。统计模型在风险管理中的应用，可以帮助企业更加科学、系统地进行风险管理。

在风险识别阶段，统计模型可以帮助企业识别潜在的风险因素。通过对历史数据的分析和挖掘，企业可以了解过去发生的风险事件及其原因，从而识别出潜在的风险因素，利用统计模型中的聚类分析、关联规则挖掘等方法，企业还可以发现不同风险因素之间的关联性和影响路径，为风险防控提供有力支持。在风险评估阶段，统计模型可以帮助企业对潜在风险进行量化评估，通过对历史风险事件的数据分析，企业可以了解不同风险事件发生的概率和可能造成的损失程度。利用统计模型中的概率预测、损失分布估计等方法，企业可以对潜在风险进行量化评估，并制定相应的风险应对策略。在风险控制阶段，统计模型可以为企业制定风险控制策略提供科学依据，根据风险评估的结果，企业可以采取相应的风险控制措施，如调整航线、优化船舶配置、加强安全管理等，统计模型中的优化算法和决策分析模型可以帮助企业找到最优的风险控制策略，降低风险发生的概率和损失程度。在风险监控阶段，统计模型可以帮助企业对风险进行持续监控和预警，通过收集和分析实时数据，企业可以了解当前风险状况的变化趋势，及时发现潜在风险并采取相应的措施进行应对，统计模型中的时间序列分析、异常监测等方法可以帮助企业实现风险的实时监控和预警，确保企业运营的持续稳定。

除了以上四个步骤外，统计模型在风险管理中还可以应用于其他方面。例如，在船舶保险领域，统计模型可以帮助保险公司对船舶进行风险评估和定价；在船舶融资领域，统计模型可以帮助银行评估船舶的价值和信贷风险。总之，统计模型在船舶行业风险管理中的应用具有广泛的前景和潜力。通过利用统计模型进行风险识别、评估、控制和监控，企业可以更加科学、系统地进行风险管理，确保业务稳定运营和持续发展。

（五）能效评估

在船舶行业中，能效评估是评估船舶能源利用效率、优化能源消耗以及实现绿色航运的重要手段。随着全球对环境保护意识的提高和能源资源的日益紧张，船舶能效评估越来越受到重视。通过统计模型进行能效评估，可以帮助船舶企业准确了解船舶的能源消耗情况，发现节能潜力，并制定相应的节能措施。能效评估主要关注船舶在航行过程中的能源消耗、燃油效率以及温室气体排放等。统计模型的应用，为能效评估提供了科学、量化的方法。

在能效评估中，统计模型可以帮助企业收集和分析船舶的能源消耗数据。这些数据包括船舶在不同航行状态下的油耗、航速、载重等关键信息，通过对这些数据的分析，企业可以了解船舶在不同工况下的能源消耗情况，并找出潜在的节能点。统计模型可以应用于船舶燃油效率的评估，燃油效率是衡量船舶能效的重要指标之一，通过收集和分析船舶的油耗数据和航行数据，利用统计模型中的回归分析、相关性分析等方法，企业可以评估船舶的燃油效率，并找出影响燃油效率的关键因素。这些关键因素可能包括船型、船龄、航行速度、载重等。统计模型还可以用于评估船舶的温室气体排放情况，船舶在航行过程中会产生大量的温室气体排放，对环境造成负面影响。通过收集和分析船舶的排放数据，利用统计模型中的排放因子法和碳足迹评估方法，企业可以评估船舶的温室气体排放水平，并制定相应的减排措施。在能效评估的基础上，企业可以采取相应的节能措施，提高船舶的能源利用效率。这些节能措施可能包括优化航线、降低航行速度、采用节能型船型、提高船舶的维护保养水平等。统计模型可以为企业提供量化评估的工具，帮助企业选择最优的节能措施，降低能源消耗和排放水平。

统计模型在能效评估中还可以应用于船舶能源管理系统的优化和智能化。通过对船舶能源管理系统的数据分析，利用统计模型中的机器学习、人工智能等方法，企业可以建立更加精准的能效预测模型和优化算法，提高船舶的能源管理水平和能效水平。

（六）故障预测与维护

在船舶运营中，故障预测与维护是保证船舶持续稳定运行、提高船舶可用性和减少运营成本的关键环节。随着技术的不断进步和船舶系统的日益复杂化，传统的维护模式已经难以满足现代船舶运营的需求。因此，采用统计模型进行故障预测与维护成为船舶行业的重要趋势。故障预测与维护的核心在于通过收集和分析船舶运行数据，预测潜在故障的发生，并提前采取相应的维护措施，以防止故障对船舶运营造成影响。统计模型在故障预测与维护中的应用，使得这一过程更加科学、精准和高效。

统计模型帮助企业收集和分析船舶运行数据，包括船舶的航行记录、设备运行状态、维护记录等关键信息，通过对这些数据的分析，了解船舶和设备的运行状况，发现潜在的问题和隐患。统计模型应用于故障预测模型的建立，通过利用机器学习、数据挖掘等技术，对船舶历史故障数据进行分析和处理，建立基于统计模型的故障预测模型，预测船舶在未来一段时间内可能发生的故障类型、发生时间和影响程度，为企业的维护决策提供有力支持。在故障预测的基础上企业可以制订相应的维护计划，根据预测结果，确定需要重点关注和维护的设备或部件，提前安排维护人员和资源，确保在故障发生前进行修复或更换，这种基于预测的维护方式，相比于传统的定期维护和事后维护，能够更加精准地定位问题，减少不必要的停机时间和维修成本。统计模型应用于维护效果评估和优化，通过对维护数据的收集和分析，了解维护措施的实施效果，发现存在的问题和改进点，利用统计模型中的优化算法和决策分析方法，可以对维护策略进行优化，提高维护效率和维护效果。统计模型在故障预测与维护中应用于船舶远程监控和智能维护系统的建设，通过集成船舶运行数据、维护数据和故障预测模型，建立智能化的远程监控和维护系统，实现对船舶运行状态的实时监控和故障预警，这种系统能够及时发现潜在问题，并自动触发相应的维护流程，提高维护的及时性和准确性。

（七）货物追踪与物流管理

在船舶运输行业中，货物追踪与物流管理是保证货物安全、准确、高效地从起点运送到目的地的重要环节。随着信息技术的飞速发展，特别是物联网（IoT）、大数据和人工智能（AI）等技术的广泛应用，货物追踪与物流管理正逐渐实现数字化、智能化和自动化。统计模型在这一过程中的作用不可忽视，它为优化货物追踪的准确性和物流管理的效率提供了有力支持。

货物追踪是物流管理的基础，通过为货物配备追踪设备，如RFID标签、GPS定位器等，企业可以实时掌握货物的位置、状态和运输进度。统计模型的应用使这些追踪数据得到更好的利用，例如，利用时间序列分析模型，企业可以预测货物的到达时间，从而提前安排接货、卸货等后续工作；利用聚类分析模型，企业可以识别出运输路线上的"瓶颈"或拥堵点，进而优化运输路径。物流管理涉及多个环节，包括运输、仓储、装卸、配送等，统计模型在各个环节中都能发挥重要作用。在运输环节，通过收集和分析历史运输数据，企业可以建立运输时间预测模型，为制订合理的运输计划提供依据；在仓储环节，利用库存预测模型，企业可以预测未来一段时间内的库存需求，从而合理安排库存水平和采购计划；在装卸和配送环节，通过优化算法和决策分析模型，企业可以优化装卸作业流程、提高配送效率，降低物流成本。利用统计模型实现物流网络的优化，物流网络是指由多个物流节点（如仓库、码头、配送中心等）和运输线路构成的复杂系统，通过收集和分析物流网络中的实时数据，企业可以利用统计模型中的网络优化算法，如路径优化算法、车辆调度算法等，实现物流网络的高效运行，降低物流成本，提高客户满意度和市场份额。

随着物联网、大数据和人工智能等技术的发展，货物追踪与物流管理正在实现智能化。统计模型与这些技术的结合，将为货物追踪与物流管理带来更多的创新应用。例如，通过利用大数据分析技术，企业可以挖掘出更多有价值的物流信息，为制定更加精准的物流策略提供支持；通过利用人工智能技术，企业可以实现自动化、智能化的货物追踪和物流管理，进一步提高物流效率和降低物流成本。统计模型在船舶数据中的应用随着大数据和人工智能技术的不断发展而更加广泛和深入，为船舶行业的可持续发展提供有力支撑。

三、机器学习在船舶数据中的应用

机器学习技术被广泛应用于船舶的故障诊断与预测中，通过对船舶的实时运行数据、传感器数据、历史维修记录等进行分析和训练，机器学习模型可以学习到船舶故障的模式和规律，常用的机器学习算法包括逻辑回归、支持向量机、决策树、随机森林和神经网络等。这些算法能够识别和预测可能的故障类型，从而帮助船舶维护人员提前采取措施进行修复和预防。在船舶的设计和性能优化中，机器学习技术也发挥着重要作用，通过收集和分析大量的船舶运行数据，如速度、航向、波浪条件等，机器学习模型可以提取出船舶的动力学特性。这些特性可用于船舶的性能优化、燃油消耗预测、载货能力评估等方面，基于机器学习的船舶动力学特性分析可以更加准确地评估船舶的性能，并为船舶的设计、制造和后续维护提供科学依据。传统的船舶载货能力评估方法往往基于船舶的吨位或载重量，但这种方法往往无法考虑到复杂的船体特性，如船速、船型、航线等变量。机器学习技术可以通过分析大量的历史数据和实时数据，综合考虑多个因素来评估船舶的载货能力。这种方法可以更加准确地预测船舶的载货能力，并为船舶运营商提供更加科学的决策支持。在智能无人船舶中，机器学习技术被用于路径规划和行为决策等关键任务，通过收集和分析船舶的实时环境数据、传感器数据以及历史航行数据，机器学习模型可以学习到船舶在不同环境条件下的最优航行路径，机器学习模型还可以根据船舶的实时状态和目标来做出自主的行为决策，如避障、调速等，这有助于提高智能无人船舶的自主导航能力和安全性。

四、其他建模方法在船舶操作中的应用

除了统计法和机器学习法，还有其他一些建模方法在船舶数据中有广泛的应用。3D CAD软件在船舶设计和建造阶段，工程师可以使用这些软件来创建船舶的详细三维模型，包括船体、船舱、机械系统等，用于视觉展示，还可用于进行结构分析、流体动力学模拟等，以优化船舶设计和性能。虚拟现实（VR）技术使得船舶设计师和工程师能够沉浸在虚拟的船舶环境中，进行更加直观和高效的船舶设计和评估，通过VR技术，可以模拟船舶在不同海况下的行为，测试船舶的稳定性和操作性，为船舶的设计和改造提供有力支持。参数化建模是一种利用参数来描述船舶几何特征的方法，通过调整参数值，可以快速生成不同尺寸、形状和配置的船舶模型。这种方法在船舶快速设计和优化中非常有用，可以帮助工程师快速评估不同设计方案的效果，并选出最优方案。基于零件库的建模方法通过预先建立和组织一系列标准零件和模块，可以快速组装出完整的船舶模型。这种方法适用于标准化和系列化的船舶设计，可以大大提高设计效率和准确性，零件库可以实现船舶模型的快速变形和优化，满足客户的个性化需求。神经网络可以用于预测船舶的燃油消耗、航行速度等性能指标，也可以用于船舶故障诊断和预测。通过训练神经网络模型，可以实现对船舶性能和健康状况的实时监测和预测，为船舶的维护和管理提供有力支持。

在船体设计方面，SolidWorks等3D CAD软件中，精确地表达船体的曲面和体积特征，进行船体外形和内部空间布局的设计。在船舶细节设计上利用建模和装配功能，可以快速设计和验证船舶的甲板、船舱、船桥、上下舷梯等细节部件。在船舶结构设计上，通过建模和分析工具，进行船体横向和纵向框架、船龙骨、船板等的结构优化设计和强度分析。在船舶系统设计上，如船舶动力系统、电气系统、舾装系统等，都可以借助3D CAD进行设计和集成。在船舶性能仿真与分析方面，通过船舶设计软件与流体力学软件（如CFD）的对接，进行船舶的流动分析和性能预测，如阻力、升力、推进效率等。预测不同环境下船舶的运动和行为，如风浪作用下的船舶运动响应等，为船舶设计和航行提供参考。船舶式样和设计参数的决定往往需要大量的实

验和模拟测试。在实际船舶建造的初期阶段，使用三维建模技术可以大幅减少建造成本和时间，并确保设计的质量和正确性。通过大量的测试和模拟数据来评估船舶的性能和行为，避免出现不必要的安全风险。在船舶自动驾驶与决策系统方面，虽然自动驾驶更多涉及机器学习，但其背后的决策系统可能需要用到模糊逻辑、规则基系统等方法，根据实时数据做出航向、速度等决策。在船舶故障诊断与维护方面，利用基于案例的推理（CBR）或规则基专家系统，可以快速根据船舶的运行数据和历史故障案例，诊断当前可能存在的问题，并提供维修建议。在船舶市场预测与策略分析方面，使用系统动力学模型或基于代理的模型（Agent-Based Modeling，ABM）来模拟航运市场的动态变化，预测市场趋势，为船舶公司的航线规划和市场竞争提供策略支持。

五、模型应用案例

（一）"船舶操纵运动数学模型"案例

在船舶设计和操作领域，船舶操纵运动数学模型扮演着至关重要的角色。这一模型允许工程师和设计师在真实建造和测试之前，对船舶在各种操作条件下的行为进行深入的分析和预测。通过模拟船舶的操纵运动，我们可以理解船舶在不同海况、不同航速、不同舵角下的动态响应。

以某船舶设计公司开发新型集装箱船为案例，在设计的早期阶段，他们使用船舶操纵运动数学模型来模拟船舶的操纵性能。该模型首先根据船舶的设计参数（如船长、船宽、排水量、船体形状等）建立基本框架，然后加入流体动力学方程、船舶动力学方程以及控制系统模型。通过输入不同的海况条件（如风速、波浪高度、水流速度等）和操纵指令（如舵角、主机转速等），模型能够输出船舶的响应，如航向变化、航速变化、横摇角等。在模拟过程中，设计师们发现，在某些极端海况下，船舶的航向稳定性不够理想，舵效也有所下降。根据模拟结果对船舶设计进行了优化，调整了船体形状、增加了舵面积、优化了控制系统参数。经过多次迭代和模拟测试，他们最终得到了一个性能优越的船舶设计方案。

通过船舶操纵运动数学模型的应用，设计师们能够在设计阶段就充分了解和预测船舶的操纵性能，从而避免在真实建造和测试阶段出现重大问题。这不仅降低了设计成本，还缩短了设计周期。此外，该模型还为船舶的自动化控制系统设计提供了重要依据，使得船舶在航行过程中能够更加智能、安全、高效地响应操纵指令。最终，这款新型集装箱船在实际运营中展现出了出色的操纵性能和航行安全性，得到了船东和运营商的高度评价。

（二）"船舶性能仿真模型"案例

在现代船舶设计与运营中，船舶性能仿真模型成为不可或缺的工具。通过构建详尽的仿真模型，工程师们能够在船舶实际建造前，对其在不同条件下的性能进行全面而准确的预测和评估。这种模型不仅能够考虑船舶的流体动力性能，还可以融入结构强度、航行稳定性以及环境因素等多个维度的考量。

一家知名的船舶设计公司正致力于研发一款新型的豪华游轮。在项目的初期阶段，设计团队决定采用船舶性能仿真模型来辅助设计。他们首先根据游轮的设计要求，构建了包括船体形状、推进系统、电力系统、控制系统等在内的详细模型。接着，他们利用先进的仿真软件，对游轮在不同海况、不同载重情况下的性能进行了全面的模拟。在仿真过程中，设计团队发现，当游轮在恶劣海况下以高速航行时，船体出现了较大的振动和噪声，这不仅影响了乘客的舒适度，还可能对船体结构造成损伤。为了解决这个问题，他们重新调整了船体的形状和结构设计，并优化了推进系统的布局和参数。经过多次的仿真测试和迭代优化，他们最终得到了一个性能卓越的游轮设计方案。

通过船舶性能仿真模型的应用，设计团队在游轮设计的早期阶段就发现了潜在的问题，并及时进行了调整和优化。这不仅提高了设计效率，降低了设计成本，还确保了游轮在实际运营中的性能和安全性。最终，这款新型的豪华游轮在实际运营中表现出了优异的航行性能和乘客舒适度，赢得了市场的广泛好评。此外，这种仿真模型的应用还为船舶设计领域的创新和发展提供了强大的支持，推动了船舶技术的进步和升级。

（三）"船舶智能维护决策模型"案例

在航运业中，船舶的维护管理是保证船舶安全、高效运营的关键环节。然而，传统的维护方式往往依赖于人工经验和定期检修，这种方式不仅效率低下，而且难以准确预测设备的故障风险。为了解决这个问题，船舶智能维护决策模型应运而生，它利用先进的数据分析技术和机器学习算法，为船舶的维护管理提供了智能化的解决方案。

一家国际航运企业为了提高船舶的维护管理水平，引入了船舶智能维护决策模型。该模型首先通过收集船舶的实时运行数据、维护历史记录以及设备状态监测数据，构建了一个庞大的数据库。然后，利用机器学习算法对数据库中的数据进行深度分析和挖掘，识别出影响船舶设备性能的关键因素和故障模式。在模型训练和优化过程中，工程师们不断将新的数据输入模型中，以更新和完善模型的预测能力。同时，他们还根据模型的预测结果，制订了相应的维护计划和策略。例如，当模型预测某个设备的故障风险较高时，工程师们会提前安排维护人员进行检修和更换，以避免设备故障对船舶运营的影响。

通过引入船舶智能维护决策模型，这家航运企业的维护管理水平得到了显著提高。首先，模型能够准确预测设备的故障风险，使维护人员能够提前采取措施，避免设备故障的发生。这不仅大大降低了船舶的维修成本和停机时间，还提高了船舶的可靠性和可用性。其次，模型还能够根据船舶的实时运行情况和市场需求变化，动态调整维护计划和策略，确保船舶始终处于最佳状态。最后，该模型还为船舶的预防性维护提供了科学依据，使航运企业能够更好地掌握船舶的运行状态，实现精准管理。这一成功案例展示了船舶智能维护决策模型在航运业的应用潜力。随着技术的不断进步和创新，相信未来将有更多的航运企业采用这种模型来提高船舶的维护管理水平，推动航运业的可持续发展。

（四）"船舶航线优化模型"案例

在全球化贸易下，船舶航线优化成为航运业提高运输效率、降低成本的关键。传统的航线规划往往基于经验或固定的航线模板，难以适应复杂多变的海洋环境和市场需求。为了克服这一挑战，船舶航线优化模型应运而生，它利用先进的数学算法和数据分析技术，为航运企业提供了高效、灵活的航线规划方案。

一家大型航运企业为了提高竞争力，决定引入船舶航线优化模型来优化其航线网络。该公司首先收集了全球范围内的海洋环境数据、港口信息、货物需求等数据，并构建了一个全面的航线数据库。然后，他们与一家专业的技术团队合作，开发了一个船舶航线优化模型。该模型采用了先进的优化算法，如遗传算法、模拟退火算法等，能够在海量数据中快速搜索出最优的航线方案。同时，模型还考虑了多种因素，如航行时间、燃油消耗、安全风险、货物价值等，以确保航线方案的经济性和可行性。在模型的应用过程中，航运企业可以根据实时的市场需求、货物种类和数量、船舶状态等信息，快速生成多个航线方案，并通过对比分析选择最优的方案。此外，模型还可以根据海洋环境的变化和船舶状态的变化，动态调整航线方案，确保船舶始终沿着最优的航线航行。

通过引入船舶航线优化模型，该航运企业的航线规划水平得到了显著提高。首先，模型能够快速生成多个航线方案，并通过对比分析选择最优的方案，大幅缩短了航线规划的时间。其次，模型考虑了多种因素的综合影响，确保了航线方案的经济性和可行性。最后，模型还能够根据实时数据和船舶状态的变化，动态调整航线方案，提高了船舶的运输效率和安全性。这一成功案例展示了船舶航线优化模型在航运业的应用潜力和价值。随着技术的不断进步和创新，相信未来将有更多的航运企业采用这种模型来优化其航线网络，提高运输效率和市场竞争力。同时，这也为航运业的可持续发展提供了有力的支持。

第五章　船舶智能导航系统

船舶智能导航系统的构成与功能

一、船舶智能导航系统的构成

（一）硬件部分

1.导航传感器

在船舶智能导航系统中，导航传感器负责实时获取船舶及其周围环境的各种数据，为船舶的安全航行提供准确的信息支持，未来的导航传感器将更加智能化、集成化，为船舶的航行安全和效率提供更高的保障。常用的导航传感器包括：全球定位系统（GPS），GPS是目前船舶导航中应用最广泛的传感器之一，它通过接收来自卫星的信号，计算出船舶的经度、纬度、速度和时间等信息，GPS系统具有高精度、全天候、全球覆盖的特点，使得船舶能够在任何时间、任何地点进行准确的定位，GPS数据对于船舶的航线规划、航行监控以及避碰预警等方面都至关重要。雷达系统，是船舶导航中用于探测周围环境的重要传感器，利用电磁波的特性，通过发射和接收回波来探测目标物体的距离、方位和速度等信息，实时显示船舶周围的海面情况，包括其他船舶、冰山、暗礁等障碍物，在夜间、雾天或能见度较低的情况下，雷达系统的作用尤为重要，它可以帮助船员及时发现潜在的危险，从而采取相应的避碰措施。红外探测器，是一种利用红外辐射原理进行探测的传感器，在船舶导航中，红外探测器主要用于夜间或低光照条件下的目标探测，探测到目标物体发出的红外辐射，从而确定其位置、大小和形状等信息，红外探测器与雷达系统结合使用，可以提高船舶在复杂环境下的探测能力，为船舶的安全航行提供有力保障。自动识别系统（AIS），是一种用于船舶间通信和避碰的传感器，它通过广播船舶的静态信息（如船名、呼号、船长、船宽等）、动态信息（如位置、航向、速度等）以及安全相关信息（如危险货物、紧急情况等），实现船舶间的信息共享和碰撞预警，AIS系统可以提高船舶间的通信效率和避碰能力，减少船舶碰撞事故的发生率。电子罗经，是船舶导航中用于确定航向的重要传感器，通过测量地球磁场的变化来确定船舶的航向角，电子罗经具有高精度、快速响应和稳定性好的特点，可以为船舶提供准确的航向信息，在自动驾驶系统中，电子罗经通常与GPS和惯性导航系统结合使用，以实现船舶的精确导航和定位。

2. 通信设备

在船舶智能导航系统中，通信设备是连接船舶与外部世界的关键纽带，确保船舶在航行过程中能够与岸基设施、其他船舶或紧急服务机构保持畅通的通信联系。卫星通信设备是船舶与外界进行远程通信的重要手段，通过卫星链路，船舶可以与全球范围内的岸基设施、其他船舶或紧急服务机构进行语音、数据和视频通信，卫星通信设备具有覆盖范围广、通信质量稳定、数据传输速率高等优点，能够满足船舶在海上长时间航行的通信需求，通过卫星通信，船舶可以定期向岸基设施报告其位置、航向、速度等航行信息，确保岸基人员能够实时掌握船舶的动态；船舶可以将航行数据、海洋环境数据等通过卫星通信传输到岸基数据中心，为船舶的航行决策提供支持；在紧急情况下，船舶可以通过卫星通信设备向紧急服务机构发出呼叫，请求救援。无线电通信设备是船舶进行近距离通信的主要手段，船舶通过无线电通信设备可以与附近的其他船舶、岸基设施或紧急服务机构进行实时通信。无线电通信设备具有通信距离短、通信质量受环境影响较大等特点，但在特定情况下仍具有重要作用，船舶可以通过无线电通信设备与附近的其他船舶进行通信，交换航行信息、避碰意图等；通过无线电通信设备与岸基设施进行通信，接收航行警告、气象预报等重要信息；在紧急情况下，通过无线电通信设备向附近的其他船舶或岸基设施发出呼叫，请求协助。除了与外部世界的通信外，船舶内部也需要建立有效的通信系统，以确保船员之间的信息交流和协作。船舶内部通信系统通常包括电话系统、广播系统、对讲机等设备。船员可以通过船舶内部通信系统进行实时通信，交流航行信息、工作指令等；在紧急情况下，船长可以通过广播系统向全体船员发出紧急指令或警告，指导船员进行应急处置；船员可以使用对讲机进行近距离通信，特别是在嘈杂的机舱或甲板等环境中。

3. 船舶控制系统

在智能船舶导航系统中，船舶控制系统负责接收来自各种传感器和通信设备的数据，进行实时处理和分析，并基于这些信息控制船舶的航行。船舶控制系统是一个高度集成和自动化的系统，它涵盖了船舶的各个方面，包括航行、动力、安全等，通过集成各种先进的传感器、控制器和执行机构，船舶控制系统能够实现精确的导航、自动避碰、自动舵和自动速控等功能，提高船舶的航行安全性和效率。船舶控制系统的组成包括：自动驾驶系统，它负责根据预设的航线、海洋环境和船舶状态等因素，自动调整航向、速度和姿态等参数，通过接收来自GPS、雷达、红外探测器等传感器的数据，结合电子海图系统，实现船舶的自主航行。动力控制系统，负责船舶的动力输出和推进控制，根据船舶的航行需求、海洋环境和船舶状态等因素，调整主机转速、螺旋桨角度等参数，实现船舶的高效、稳定航行，具备故障诊断和预警功能，能够实时监测船舶的动力设备状态，及时发现潜在问题并采取相应的措施。船舶监控系统，负责对船舶的各个部分进行实时监控，包括航行状态、燃油消耗、船载设备运行情况等，通过集成各种传感器和监测设备，船舶监控系统能够实时获取船舶的各项数据，为船舶管理和运营决策提供有力支持，船舶监控系统还具备故障预警和报警功能，能够及时发现潜在问题并通知船员进行处置。船舶安全系统，负责确保船舶在航行过程中的安全，它包括防碰撞系统、紧急呼叫系统、火灾探测报警系统等。防碰撞系统通过与其他船舶和岸基设施的通信，实时监测船舶间的相对位置和速度信息，避免船舶间的碰撞事故，紧急呼叫系统能够在紧急情况下向其他船舶或岸基设施发出呼叫，请求救援，火灾探测报警系统则能够实时监测船舶的火灾风险，并在发现火灾时及时报警并采取相应的灭火措施。船舶控制系统的特点包括，高度集成化，将各种传感器、控制器和执行机构集成在一起，形成一个高度集成化的系统，实现对船舶的全面控制和监控，提高船舶的航行安全性和效率。智能化，船舶控制系统采用先进的算法和模型对数据进行处理和分析，实现对船舶的智能化控制，通过自主学习和适应海洋环境的变化，船舶控制系统能够不断优化航行决策和控制策略，提高船舶的航行性能和安全性。网络化，船舶控制系统通过船岸通信网与岸基设施进行实时通信和数据传输，获取最新的海洋环境信息、航行警告和气象预报等数据，为船舶的航行决策提供支持，岸基设施也能够通过船舶控制系统对船舶进行远程监控和管理。

4.显示与操作设备

智能导航系统的显示与操作设备是船舶驾驶员与导航系统进行交互的关键接口，它们共同构成了智能导航系统的用户界面。显示设备是智能导航系统的重要组成部分，它负责将导航信息、船舶状态、海洋环境等数据以直观、易懂的方式展示给驾驶员，现代船舶智能导航系统通常采用高分辨率的液晶显示屏或触摸屏作为显示设备，采用高分辨率的显示技术，能够清晰展示各种导航信息、海图、船舶状态等；屏幕尺寸较大，能够同时显示多个窗口和图层，方便驾驶员获取全面信息；支持触摸屏操作，驾驶员可以直接在屏幕上进行点击、拖动等操作，实现与导航系统的交互；允许驾驶员根据个人习惯和需求定制显示界面，提高操作便捷性和舒适度。操作设备是驾驶员与智能导航系统进行交互的主要工具，它负责接收驾驶员的指令并将其传递给导航系统，现代船舶智能导航系统的操作设备通常采用键盘、鼠标、操纵杆等输入设备，提供多种输入方式，包括键盘输入、鼠标点击、触摸屏操作等，满足驾驶员不同的操作需求；支持多种操作模式，如手动操作、自动操作等，驾驶员可以根据实际情况选择合适的操作模式；操作设备布局合理，按键和按钮设计符合人体工程学原理，方便驾驶员快速、准确地输入指令；操作设备具备防误触、防误操作等功能，确保驾驶员在操作过程中不会因误操作而导致安全事故。在智能导航系统中，显示与操作设备协同工作，共同实现驾驶员与导航系统的交互，驾驶员通过操作设备输入指令，导航系统根据指令进行相应的处理和计算，并将结果通过显示设备展示给驾驶员，显示设备还可以实时显示船舶状态、海洋环境等信息，为驾驶员提供全面的导航支持。智能导航系统的用户界面设计是确保驾驶员与导航系统高效、便捷交互的关键，设计应遵循简洁明了、直观易懂，具有灵活性、安全性。

（二）软件部分

1.导航软件

电子海图系统是船舶导航中不可或缺的核心软件之一，它基于庞大的电子海图数据库，为船舶提供了详尽且实时的海洋环境信息。与传统的纸质海图相比，电子海图系统具有更高的精度、更丰富的信息量和更便捷的操作方式。电子海图系统能够实时显示船舶的当前位置，并根据船舶的航行状态自动更新。它不仅可以显示基础的海洋地形信息，如水深、岛屿、海岸线等，还能叠加显示各种海洋环境数据，如潮流、风速、浪高等。此外，电子海图系统还能标记出潜在的障碍物，如暗礁、沉船等，从而提醒船员避免潜在的航行风险。通过电子海图系统，船员可以直观地了解船舶的航行状态和周围的海洋环境，从而做出更加准确的航行决策。例如，在遭遇恶劣天气或复杂海况时，船员可以根据电子海图系统提供的信息，选择更加安全的航线或调整航行速度，确保船舶的安全航行。

航线规划软件是船舶导航中的另一重要软件，它根据船舶的目的地、海洋环境、船舶状态等多种因素，为船舶规划出最优的航线。与传统的航线规划方法相比，航线规划软件具有更高的智能化和自动化水平。在规划航线时，航线规划软件会综合考虑多种因素，如船舶的航行性能、海洋环境、航行时间等。它可以根据实时数据动态调整航线，确保船舶在复杂多变的海洋环境中安全、高效地航行。例如，在遭遇恶劣天气或海洋障碍物时，航线规划软件可以自动调整航线，避开潜在的风险区域。此外，航线规划软件还具备强大的数据分析功能，可以对历史航行数据进行挖掘和分析，为未来的航线规划提供参考。通过不断优化航线规划算法和模型，航线规划软件能够持续提高规划精度和效率，为船舶的航行提供更加可靠的支持。

2. 数据分析与处理软件

实时数据处理系统是船舶智能导航系统的核心组件之一，它承担着收集、处理和分析船舶实时数据的重任，包括船舶的位置、速度、航向等基本信息，以及海洋环境参数如风速、浪高、水流等。实时数据处理系统通过先进的传感器和通信技术，实时捕获这些数据，并将其传输到数据处理中心，系统利用高效的算法和模型对接收到的数据进行处理和分析，这些算法和模型基于船舶动力学、海洋环境学等多个学科的理论知识，能够对数据进行深入挖掘和解析，通过处理，系统能够提取出数据中的关键信息，如船舶的航行轨迹、海洋环境的变化趋势等。实时数据处理系统的优势在于其高效性和准确性。它能够快速处理大量的实时数据，并生成准确的分析结果。这为船舶的航行决策提供了有力的支持。通过实时数据处理系统，船员可以及时了解船舶的航行状态和周围的海洋环境，从而做出更加准确的航行决策。

决策支持系统是智能导航系统中的一个重要模块，它基于实时数据处理系统的结果，为船员提供决策支持。该系统能够综合考虑船舶的航行状态、环境条件和目标需求等因素，生成相应的决策方案和建议。在决策过程中，决策支持系统会根据实时数据处理系统提供的数据和分析结果，评估不同决策方案的可行性和优劣性。它会综合考虑船舶的性能、海洋环境的风险、航行的经济性等多个因素，为船员提供最优的决策方案。决策支持系统还具有智能学习和优化的能力。它能够根据历史航行数据和船员的操作习惯，不断优化决策算法和模型，提高决策的准确性和效率。通过不断学习和优化，决策支持系统能够逐渐适应复杂多变的海洋环境，为船舶的航行提供更加可靠和智能的决策支持。

3. 用户界面软件

人机交互界面作为船员与船舶智能导航系统之间的桥梁，其设计至关重要。该界面采用直观、易用的图形化设计，旨在提供一个友好、高效的交互环境，让船员能够轻松、快速地与船舶智能导航系统进行互动。在人机交互界面中，船员可以方便地查看船舶的航行信息，如实时位置、速度、航向等，以及海洋环境数据，如风速、浪高、水流等。这些信息以图形、图表或数字的形式直观展示，使船员能够一目了然地了解船舶的航行状态和周围环境。人机交互界面还提供了丰富的控制功能，允许船员通过简单的操作来控制船舶的航行状态。船员可以设定航线、调整航速、改变航向等，以适应不同的航行需求，支持与岸基设施和其他船舶的通信功能，船员可以通过界面发送和接收信息，实现与其他方的有效沟通。为了提高人机交互界面的易用性，设计团队注重界面的简洁性和直观性。界面布局合理，功能区域划分清晰，使得船员能够迅速找到所需的功能和信息。同时，界面还提供了友好的提示和反馈机制，能够帮助船员了解系统状态和操作结果。

操作指南是船舶智能导航系统的辅助软件之一，旨在为船员提供详细的操作说明和流程图等文档资料，旨在帮助船员更好地了解和使用船舶智能导航系统，提高系统的使用效率和安全性。操作指南涵盖了系统的各个方面，包括硬件设备的安装、软件界面的使用、航行信息的查看、航行状态的控制等，每个操作步骤都配有详细的说明和流程图，使得船员能够按照指南逐步进行操作，减少误操作的可能性。操作指南还提供了常见问题的解答和故障排除方法，能够帮助船员解决在使用过程中遇到的问题。船员可以通过查阅操作指南，快速找到解决方案，提高系统的稳定性和可靠性。为了确保操作指南的准确性和实用性，编写团队在编写过程中充分考虑了船员的实际需求和操作习惯。他们与船员进行了深入的交流和沟通，收集了船员的反馈和建议，不断对操作指南进行修订和完善。这使得操作指南更加贴近船员的实际需求，提高了其使用价值和实用性。

二、船舶智能导航系统的功能

（一）实时定位与导航功能

船舶智能导航系统的实时定位与导航功能是其核心功能之一，为船舶在复杂多变的海洋环境中提供精确、可靠的导航支持，主要依赖于先进的定位技术和导航算法，确保船舶能够准确获取自身位置信息，并根据预设的航线或实时的航行需求进行高效、安全的航行。

实时定位功能通过集成多种定位技术，如全球定位系统（GPS）、北斗卫星导航系统（BDS）等，以及船舶自身的传感器和陀螺仪等设备，实现对船舶位置的精确确定。这些定位技术能够实时接收卫星信号，结合船舶的航行速度和方向，计算出船舶的实时位置。同时，系统还会对定位数据进行校验和修正，以消除误差，提高定位精度。实时定位功能不仅为船员提供了船舶的准确位置信息，还能够帮助船员了解船舶与航线、障碍物等关键元素之间的相对位置关系。这使得船员能够更加清晰地了解船舶的航行状态，做出更加准确的航行决策。

导航功能是船舶智能导航系统的另一重要功能，它基于实时定位数据和海洋环境信息，为船舶规划出最优的航线，并引导船舶按照航线进行航行。导航功能主要包括航线规划，根据船舶的目的地、海洋环境、船舶状态等因素，为船舶规划出最优的航线，航线规划算法会综合考虑多种因素，如航行时间、燃油消耗、安全性等，确保船舶能够在最短时间内以最低成本、最安全的方式到达目的地；航向控制，根据规划好的航线，引导船舶按照预定的航向进行航行。系统会通过控制船舶的舵机、推进器等设备，调整船舶的航向，确保船舶能够准确地沿着航线航行；避碰预警，结合船舶的实时位置和海洋环境信息，实时监测船舶周围的障碍物和潜在碰撞风险。当系统检测到可能的碰撞风险时，会及时发出预警信号，提醒船员采取相应的避碰措施。航速控制，根据航行需求和海洋环境信息，自动调节船舶的航速。在需要加速或减速的情况下，系统会自动调整船舶的推进力，确保船舶能够以合适的速度航行。

（二）航线规划与优化功能

航线规划与优化功能基于先进的算法和大数据技术，能够综合考虑多种因素，包括海洋环境、船舶性能、航行时间、燃油消耗等，为船舶规划出最优的航线。在规划过程中，系统会实时获取并分析最新的海洋环境数据，如风速、海流、潮汐等，以及船舶的实时状态数据，如位置、速度、航向等。通过综合这些因素，系统能够预测出不同航线上的航行条件，并据此进行航线优化。优化航线的目标通常是降低航行成本、缩短航行时间或提高航行安全性。系统会根据不同的优化目标，通过调整航线的长度、方向、航速等参数，来找到最佳的航线方案。例如，在燃油消耗作为优化目标的情况下，系统会计算出不同航线上的燃油消耗情况，并选择燃油消耗最低的航线作为推荐方案。船舶智能导航系统还具备动态航线规划的能力。在航行过程中，如果遇到突发情况或环境变化，系统能够迅速响应并重新规划航线。这种动态规划能力使得船舶能够适应复杂多变的海洋环境，确保航行的安全性和效率。航线规划与优化功能不仅提高了航行的效率和安全性，还为航运企业带来了经济效益。通过选择最优的航线方案，企业可以降低燃油消耗、减少航行时间、降低维护成本等，从而提高整体运营效益。

（三）避碰与预警功能

避碰与预警功能是确保船舶航行安全的重要一环。在繁忙的海洋环境中，避免与其他船舶、障碍物或危险区域发生碰撞，是每一个船舶航行过程中必须面对的重要挑战。而船舶智能导航系统通过集成先进的传感器、数据处理技术和智能决策算法，提供了强大的避碰与预警功能，为船舶的安全航行提供了有力保障。

避碰与预警功能的核心在于实时感知和评估船舶周围的环境信息。船舶智能导航系统通过配备的雷达、红外线传感器、激光扫描仪等多种传感器设备，能够全方位、多角度地获取船舶周围的障碍物信息。这些传感器能够实时扫描并识别出潜在的危险目标，如其他船舶、浮标、礁石等，并将这些目标的位置、速度、航向等信息传输给系统进行处理。一旦系统检测到潜在的危险目标，避碰与预警功能便会立即启动。首先，系统会根据船舶的实时位置和航向，计算出与危险目标的相对位置和相对速度。其次，系统会基于这些信息和船舶的性能参数，进行碰撞风险评估。如果评估结果显示存在碰撞风险，系统会立即触发预警机制，向船员发出警报信号。预警信号可以通过多种方式传达给船员，如声音报警、视觉报警或振动报警等。这些预警信号能够迅速引起船员的注意，并促使他们采取相应的避碰措施。系统会自动规划出避碰航线，并给出具体的航行建议，帮助船员迅速调整航向和航速，避免与危险目标发生碰撞。避碰与预警功能能够根据船舶的航行轨迹和历史数据，进行智能预测和预警，系统通过分析船舶的航行轨迹，可以预测出未来一段时间内船舶可能遇到的危险情况，并提前发出预警信号。这种智能预测和预警功能能够进一步提高船舶的安全性能，减少潜在的风险。

（四）船舶状态监控与管理功能

船舶状态监控与管理功能为船舶的安全运行和高效管理提供了强有力的支持，通过集成先进的传感器、数据处理技术和智能决策算法，实现了对船舶实时状态的全面监控和精细化管理。在船舶状态监控方面，船舶智能导航系统通过部署在船舶各个关键部位的传感器，实时收集船舶的各类状态数据，如位置、速度、航向、油耗、船体姿态等。这些传感器能够精确感知船舶的运行状态，并将数据传输至系统的中央处理单元进行处理和分析。系统通过智能算法对数据进行筛选、整合和计算，提取出有价值的信息，并以直观、易懂的方式展示给船员和管理人员。在船舶状态管理方面，船舶智能导航系统提供了丰富的管理功能和工具。首先，系统能够根据船舶的实际状态和历史数据，进行故障预测和预警。通过实时监测船舶的运行参数和性能指标，系统能够及时发现潜在的故障隐患，并提前向船员发出警报，以避免故障的发生。同时，系统还能够自动记录船舶的维修历史和设备使用情况，为船舶的维护保养提供数据支持。船舶智能导航系统还具备远程监控和管理功能。通过卫星通信和互联网技术，系统能够将船舶的实时状态数据传输至远程监控中心，实现对船舶的远程监控和管理。远程监控中心的管理人员可以实时查看船舶的位置、状态、运行参数等信息，并通过系统下达指令和调度任务，实现对船舶的远程控制和管理。这种远程监控和管理方式不仅提高了船舶管理的效率，还降低了管理成本，为航运企业带来了更大的经济效益。

（五）信息共享与通信功能

信息共享与通信功能极大地提高了船舶与船舶之间、船舶与岸基管理中心之间的信息交流与协作效率，通过集成先进的通信技术、数据传输技术和网络安全技术，实现了船舶实时信息的快速共享和高效通信。在航行过程中，船舶会产生大量的实时数据，如位置、速度、航向、气象信息等，通过信息共享功能，这些数据可以被实时地传输到岸基管理中心或其他船舶，使得相关人员能够迅速获取船舶的实时状态，有助于船舶之间的协作和避碰，为岸基管理中心提供决策支持，以便更好地管理和调度船舶。系统配备了先进的通信设备，如卫星通信设备、无线电通信设备等，能够实现船舶与岸基管理中心、船舶与船舶之间的实时通信，船舶可以向岸基管理中心发送报告、请求指令或协调任务，同时接收来自岸基管理中心的调度指令、气象预警等信息，双向通信机制确保了信息的及时传递和准确理解，为船舶的安全航行提供了有力保障。船舶智能导航系统的信息共享与通信功能具备高度的安全性和可靠性，系统采用了先进的网络安全技术，如数据加密、身份认证等，确保传输的数据不被非法获取或篡改，具备冗余备份和容错机制，即使在部分设备出现故障的情况下，也能够保证信息的正常传输和共享。

在实际应用中，船舶智能导航系统的信息共享与通信功能可以广泛应用于多个场景。例如，在船舶编队航行中，通过信息共享和通信功能，各船舶可以实时了解彼此的位置和状态，实现协同航行和避碰。在船舶救援行动中，通过通信功能，救援船舶可以迅速获取被困船舶的位置和情况，制定有效的救援方案。此外，信息共享与通信功能还可以用于船舶与港口、船舶与海关等机构的协同作业，提高整个航运物流系统的效率和安全性。

实时数据处理在智能导航系统中的应用

一、实时数据处理的概念和作用

实时数据处理是指计算机系统能够持续不断地接收、分析和响应来自各种来源的实时数据流的过程。这些实时数据流可能来自船舶上的各种传感器、雷达系统、通信设备，或者从外部环境中获取的实时天气、海洋条件等信息，实时数据处理的核心在于其"实时性"，即数据从产生到被处理和分析的延迟必须控制在极短的时间内，以便系统能够迅速作出反应。实时数据处理的过程通常涉及数据的采集、预处理、分析、存储和输出等多个环节，数据采集是实时数据处理的第一步，通过各种传感器和设备实时捕获数据；

预处理环节会对数据进行清洗、转换和压缩，以确保数据的准确性和一致性；数据分析环节会利用先进的算法和技术对数据进行深入挖掘和分析，提取出有价值的信息；存储和输出环节会将处理后的数据存储在数据库中，并通过可视化界面或报告的形式将结果呈现给用户。

在船舶智能导航系统中，实时数据处理能够确保系统实时获取船舶的航行状态、位置、速度等关键信息，以及周围环境的实时数据，如天气、海洋条件等。这些数据对于船舶的安全航行至关重要，因为它们可以帮助系统准确判断航行环境、及时预警潜在风险。通过对实时数据的分析，系统可以评估航行的安全性、效率和经济性，并给出相应的建议或决策方案。例如，系统可以根据实时天气和海洋条件，为船舶规划出最优的航线；根据船舶的实时状态，给出最佳的航速和航行方向，提高船舶的航行效率和安全性。通过集成更多的传感器和设备，系统可以获取更加丰富的实时数据，从而实现更加复杂的智能功能。例如，系统可以通过分析船舶的实时航行数据和货物状态，预测船舶的维护需求，提前进行维护计划的制订；或者通过分析船舶的实时能效数据，给出能效提高的建议或方案。

二、船舶智能导航系统中常用的实时数据处理技术

（一）数据流处理技术

1. 工作原理

数据流处理技术的工作原理主要依赖于对实时、连续的数据流进行捕获、处理和分析。这些数据流可能来自船舶上的各种传感器、雷达、气象仪等设备，包含了船舶的位置、速度、航向、周围环境信息、气象条件等关键数据。该技术通过特定的算法和模型，实时地分析这些数据流，从中提取出有价值的信息，例如潜在的危险、最优的航行路径等。这些信息可以为船舶的航行决策提供实时、准确的数据支持，帮助船舶避开潜在的危险区域，选择最安全的航行路径。

2. 常见的数据流处理技术的算法

滑动窗口算法（Sliding Window Algorithm），一种常用的数据流处理技术，用于在连续的数据流上执行操作，在船舶导航中，它可以用于分析特定时间段内的传感器数据，如船舶速度、位置等，通过定义一个固定大小的窗

口，并随着数据流的推进不断滑动这个窗口，系统可以实时地计算窗口内数据的统计信息（如平均值、最大值、最小值等），从而监测船舶状态的变化。时间戳算法（Timestamp Algorithm）利用数据中的时间戳信息来处理数据流，在船舶导航中，时间戳通常与传感器数据一起被记录，以表示数据产生的时间，时间戳算法可以根据时间戳对数据进行排序、过滤和聚合，从而提取出有价值的信息，例如，系统可以根据时间戳来识别并处理过时的数据，或者计算一段时间内船舶的平均速度。流式计算框架（Streaming Computation Frameworks），（如Apache Flink、Apache Storm等）提供了一套完整的解决方案来处理数据流，这些框架具有高度的可扩展性、容错性和实时性，可以处理大规模、高速的数据流，在船舶导航中，流式计算框架可以用于实时分析传感器数据、环境信息、航行指令等，并产生实时的决策支持。异常检测算法（Anomaly Detection Algorithms）用于在数据流中识别异常或异常模式，在船舶导航中，异常可能包括突然的航向变化、速度异常、传感器故障等，通过应用异常检测算法（如基于统计的方法、基于机器学习的方法等），系统可以实时地检测这些异常，并触发相应的警报或应急措施。模式识别算法（Pattern Recognition Algorithms）用于在数据流中识别特定的模式或趋势，在船舶导航中，这些模式可能包括船舶的航行模式、环境变化的趋势等，通过应用模式识别算法（如聚类分析、分类算法等），系统可以实时地识别这些模式，并据此做出预测或优化决策。

以上算法并不是孤立的，它们可以相互结合使用，以实现更复杂的数据流处理任务，随着技术的不断发展，新的数据流处理算法和技术也在不断涌现，为船舶智能导航系统提供了更多的选择和可能性。

3. 实施步骤

通过安装在船舶上的各种传感器和设备，实时地采集船舶的航行数据和环境信息，数据以数据流的形式存在，包含船舶的实时位置、速度、航向等关键信息。原始数据流可能包含噪声、冗余数据等，需要进行预处理以提高数据质量，预处理步骤可能包括数据清洗、格式转换、数据压缩等。在预处理之后，使用特定的数据流处理算法和模型对数据流进行实时分析，这些算法和模型可能包括统计分析、机器学习、模式识别等。通过这些算法和模型，可以从数据流中提取出有价值的信息，例如潜在的危险、最优的航行路径等。另外，将处理后的结果以可视化的形式呈现给船员，或者直接将结果用于船舶的航行决策。例如，系统可以根据处理后的结果自动调整船舶的航向、航速等参数，以确保船舶的安全航行。数据流处理技术对实时性和准确性要求较高，在实施过程中需要确保系统的稳定性和可靠性，以避免因系统故障或延迟导致的数据丢失或错误，还需要根据具体的应用场景和需求选择合适的算法和模型，以提高处理效率和准确性。

（二）实时计算技术

1. 工作原理

实时计算技术的工作原理是基于对船舶当前航行状态、环境信息和航行目标进行实时、连续的计算和分析。这涉及对船舶位置、速度、航向、周围环境（如天气、水流、障碍物等）的实时数据获取，通过算法进行高速处理和分析。实时计算技术依赖于高性能的计算机系统和专门的计算算法，实时处理大量数据，并在极短的时间内产生准确的结果。通过实时计算，系统能够迅速评估船舶的当前状态，预测未来的航行趋势，并根据航行目标提供最优的航行决策。

2. 常见的实时计算算法

具体使用哪种算法取决于船舶智能导航系统的具体需求和约束条件，在实际应用中，可能需要根据具体情况对算法进行选择和调整。常见的实时计算算法包括，卡尔曼滤波（Kalman Filter），是一种高效的递归滤波器，它只需要前一状态的估计值和当前状态的观测值就可以进行状态估计，在船舶导航中，它常被用于融合来自不同传感器的数据（如GPS、罗经、速度计等），以提供更准确的位置、速度和航向估计。粒子滤波（Particle Filter），当系统模型存在非线性或不确定性时，粒子滤波是一种有效的替代方法。它通过一组粒子（可能的系统状态）来近似表示概率分布，并随时间更新这些粒子的权重和位置。在船舶导航中，粒子滤波可用于处理如水流、风等复杂环境因素对船舶运动的影响。动态规划（Dynamic Programming），是一种在数学、计算机科学和经济学中使用的，通过把原问题分解为相对简单的子问题的方式来求解复杂问题的方法。在船舶路径规划中，动态规划可以用于寻找从起点到终点的最优路径，同时考虑各种约束条件（如障碍物、水深、风速等）。机器学习算法，如神经网络、支持向量机等，也可以用于实时计算。例如，神经网络可以用于预测船舶的未来位置或速度，支持向量机可以用于检测潜在的碰撞风险，这些算法通常需要先进行训练，以学习从输入数据到输出结果的映射关系。流处理算法，是针对数据流进行计算的算法，通常用于处理实时产生的、连续不断的数据，在船舶智能导航系统中，流处理算法可以用于实时分析传感器数据、计算船舶的实时位置、速度等。时间敏感网络（TSN）调度算法，在实时计算系统中，数据的传输和处理时间通常需要严格控制，时间敏感网络（TSN）是一种用于实现实时通信的网络协议，它提供了一套调度算法来确保数据在指定的时间内到达目的地。这些调度算法在船舶智能导航系统中可能得到应用，以确保关键数据的实时传输和处理。

3. 实施步骤

数据收集，实时计算的第一步是收集与船舶航行相关的实时数据。这包括来自船舶自身传感器（如GPS、罗经、速度计等）的数据，以及来自外部环境传感器（如气象雷达、红外探测器等）的数据，这些数据通常以数据流的形式传输到计算中心。数据预处理，在实时计算之前，需要对收集到的数据进行预处理。这包括数据清洗（去除噪声和异常值）、数据转换（将数据转换为适合计算的格式）和数据整合（将不同来源的数据整合为统一的数据集），预处理过程有助于提高数据质量和计算效率。实时计算，在数据预处理完成后，实时计算技术开始发挥其核心作用。计算中心使用高性能计算机系统和专门的计算算法对预处理后的数据进行实时处理和分析。这些算法可能包括路径规划、碰撞检测、最优控制等，旨在根据船舶的当前状态和环境信息提供最优的航行决策。结果输出，实时计算的结果通常以可视化形式呈现给船员，或者通过控制系统直接应用于船舶的航行，例如，系统可以根据计算结果自动调整船舶的航向、航速或避让障碍物。此外，计算结果还可以用于生成航行报告、预测未来航行趋势等。实时计算过程中还需要进行监控和反馈，系统需要不断监测船舶的实际航行状态并与计算结果进行比较，以确保计算结果的准确性和有效性。如果发现计算结果与实际航行状态存在偏差，系统需要及时调整算法或重新收集数据进行重新计算。

三、实时数据处理的关键技术

（一）采集与传输技术

采集与传输技术直接关系到导航系统的准确性和实时性。数据采集设备的选择、数据传输协议以及数据传输质量的保障措施是船舶智能导航系统中实时数据处理的关键环节，通过合理选择设备、优化传输协议和采取保障措施，可以确保数据的准确性和实时性，提高船舶智能导航系统的性能和可靠性。

1. 数据采集设备的选择

在船舶智能导航系统中，数据采集设备负责收集船舶的航行状态、环境信息以及传感器数据等。选择适合的数据采集设备至关重要，需要考虑精度和可靠性，数据采集设备需要具有高精度和可靠性，以确保收集到的数据准确可信，对于关键的传感器，如GPS、罗经、雷达等，应选择经过认证的高品质设备。兼容性和扩展性，数据采集设备应具备良好的兼容性，能够与其他系统或设备进行数据交换，设备应具备扩展性，能够支持更多的传感器和数据源。稳定性和耐久性，船舶在航行过程中可能面临各种复杂的环境条件，数据采集设备需要具备稳定的工作性能和耐久性，能够长时间稳定运行。

2. 数据传输协议

数据传输协议是保障数据在船舶智能导航系统中高效、准确传输的基础。常见的数据传输协议包括：TCP/IP协议，是一种通用的网络传输协议，具有可靠的数据传输机制，在船舶智能导航系统中，TCP/IP协议可以用于船舶与岸基控制中心之间的数据传输。MQTT（Message Queuing Telemetry Transport）协议，是一种轻量级的发布/订阅消息传输协议，特别适用于低带宽、高延迟或不稳定网络环境的物联网应用，在船舶智能导航系统中，MQTT协议可以用于船舶与远程服务器之间的数据传输。CAN（Controller Area Network）总线协议，具有高速、可靠和灵活的特点，在船舶智能导航系统中，CAN总线协议可以用于船舶内部各系统之间的数据传输。

3. 数据传输质量的保障措施

为确保数据传输的准确性和实时性，需要采取保障措施。数据校验和验证：在数据传输过程中，应使用数据校验和验证机制来确保数据的完整性和准确性，例如，可以使用CRC（Cyclic Redundancy Check）校验码来检测数据传输过程中是否出现错误。数据压缩和加密：为了减少数据传输的带宽占用和提高安全性，可以对数据进行压缩和加密处理。数据压缩可以减小数据的体积，降低传输成本；数据加密可以保护数据的机密性和完整性，防止数据被窃取或篡改。网络优化和负载均衡：在船舶智能导航系统中，可能需要处理大量的实时数据。为了确保数据的及时传输和处理，需要对网络进行优化和负载均衡设计。例如，可以采用多路径传输、数据缓存等技术来提高网络的吞吐量和稳定性。故障检测和恢复机制：在数据传输过程中，可能会出现设备故障、网络中断等问题。为了确保系统的可靠性，需要建立故障检测和恢复机制。例如，可以使用心跳检测机制来检测设备的在线状态；使用备份设备和冗余设计来确保系统的容错性。

（二）数据预处理技术

在船舶智能导航系统中，实时数据处理的数据预处理技术是确保数据质量、提高数据分析效率和准确性的关键步骤，通过实施数据清洗、数据转换和数据压缩等预处理技术确保数据的质量、提高数据分析的效率和准确性，从而为船舶的安全航行提供有力支持。

数据清洗，船舶导航系统产生的原始数据可能存在错误、重复、缺失或不一致的情况，数据清洗能够识别并纠正这些问题，从而提高数据的准确性和可靠性。清洗后的数据集更小、更精确，可以显著减少后续数据分析的计算负担。系统对于缺失的数据，可以采用填充、插值或删除等方法进行处理。通过设定阈值或采用统计方法识别异常值，并进行适当的处理，如替换为平均值、中位数或删除，检查并删除数据集中的重复记录。数据转换，船舶导航系统可能使用多种不同的数据源和传感器，这些数据源可能产生不同格式的数据。数据转换可以确保所有数据都以统一的格式呈现，便于后续的分析和处理。通过数据转换，可以将复杂的数据结构简化为更易于理解的形式，从而简化数据分析的过程。系统将数据转换为统一的度量单位或比例尺，标准化以便进行比较和分析；将数据缩放到同一范围内，归一化以便在算法中更好地处理；将连续的数据转换为离散的类别或标签，离散化以适应某些算法的要求。数据压缩，船舶导航系统产生的数据量可能非常大，数据压缩可以显著减少存储需求，降低存储成本，压缩后的数据具有更小的体积，可以更快地通过网络进行传输，提高数据传输的效率和实时性。系统通过去除一些不重要的信息来减小数据的大小。在船舶导航系统中，一些细微的数据变化可能不会对导航结果产生显著影响，因此可以采用有损压缩来减小数据的大小；利用数据的冗余性进行压缩，确保在解压缩后能够完全恢复原始数据。在船舶导航系统中，对于关键数据（如位置、速度等），应优先采用无损压缩以确保数据的准确性。

（三）数据流处理技术

在船舶智能导航系统中，实时数据处理的数据流处理技术发挥着至关重要的作用。数据流处理技术能够实时、连续地处理和分析大量数据流，从而提供准确的导航决策支持。以下将详细阐述数据流处理技术的原理、算法及在船舶智能导航系统中的应用案例。数据流处理技术的核心原理是实时地捕获、传输、分析和处理数据流，以获取有价值的信息和洞察。与传统的批处理模式不同，数据流处理技术能够在数据到达时立即进行处理，而无须等待数据集的完整收集。这种实时性使得数据流处理技术特别适用于船舶智能导航系统，因为船舶在航行过程中需要实时地获取和处理各种航行状态、环境信息和传感器数据。数据流处理技术采用了一系列算法来分析和处理数据流，常见的算法：滑动窗口算法，通过定义一个固定大小的窗口来捕获数据流中的连续数据片段，并在窗口内执行各种计算和分析操作，特别适用于需要实时计算统计信息或检测异常值的应用场景。复杂事件处理（CEP）算法，用于在数据流中识别复杂事件模式，这些模式可能由多个事件组成，并且具有特定的时间关系和逻辑条件，在船舶智能导航系统识别潜在的航行风险或机会，如碰撞预警、航路优化等。机器学习算法，在数据流处理过程中用于模式识别、分类、预测等任务，通过训练机器学习模型，系统可以自动学习和识别数据流中的模式，并根据这些模式做出智能决策。例如，可以使用机器学习算法来预测船舶的航行轨迹或优化航行速度。

以船舶碰撞预警系统为例，该系统利用数据流处理技术实时地分析船舶的航行状态、位置信息、环境数据等，以检测潜在的碰撞风险。系统首先通过传感器收集船舶的实时位置、速度、航向等数据，并将其与周围船舶和障碍物的位置信息进行融合。然后，系统使用滑动窗口算法和CEP算法来分析这些数据，并识别出潜在的碰撞事件。一旦检测到碰撞风险，系统会立即发出预警，并提供避碰建议或自动调整船舶的航行轨迹，以避免碰撞的发生。通过应用数据流处理技术，船舶碰撞预警系统能够实时地获取和分析大量的航行数据，从而提前发现潜在的碰撞风险，并采取相应的措施来保障船舶的安全航行。这种实时性和准确性是传统的批处理模式所无法比拟的，因此数据流处理技术在船舶智能导航系统中具有广泛的应用前景。

（四）实时计算技术

实时计算技术以数据流为驱动，当新的数据到达时，系统会立即触发相应的计算任务，这种数据流驱动的方式能够确保数据处理的实时性和响应性。由于船舶智能导航系统需要处理大量的实时数据，因此采用分布式处理架构可以显著提高计算能力和处理效率，通过将计算任务分配到多个计算节点上并行处理，可以加快数据处理速度，满足实时性要求。实时计算技术通常采用内存计算的方式，将数据存储在内存中，以减少磁盘I/O操作的延迟。内存计算能够显著提高数据访问速度和计算效率，进一步满足实时性要求。实时计算技术中涉及的关键算法主要包括以下几种，流处理算法是实时计算技术的核心算法之一，用于对流式数据进行实时处理和分析，常见的流处理算法包括滑动窗口算法、时间窗口算法等，它们能够根据时间或数据量的变化对数据进行划分和处理。复杂事件处理（CEP）算法用于在实时数据流中检测和识别复杂事件模式，这些事件模式可能由多个简单事件组成，并且具有特定的时间关系和逻辑条件，CEP算法能够帮助船舶智能导航系统及时发现潜在的航行风险或机会。实时机器学习算法，随着机器学习技术的发展，实时机器学习算法在实时计算中得到了广泛应用，这些算法能够在线学习和更新模型，以适应实时数据流的变化。在船舶智能导航系统中，实时机器学习算法可以用于预测航行轨迹、优化航行速度等任务。

实时决策支持，实时计算技术能够及时处理和分析船舶航行过程中产生的实时数据，为船员或自动驾驶系统提供准确的决策支持，通过实时计算技术，系统可以及时发现潜在的航行风险或机会，并采取相应的措施来确保航行安全和提高航行效率。实时优化控制，实时计算技术还可以用于船舶的实时优化控制，通过对实时数据的分析和处理，系统可以自动调整船舶的航行参数（如航向、速度等），以实现航行路线的优化和能源的高效利用。实时监控与预警，实时计算技术能够实现船舶航行状态的实时监控和预警，系统可以实时监测船舶的位置、速度、姿态等参数，并与预设的安全阈值进行比较，一旦超出安全阈值，系统将立即发出预警，并采取相应的措施来避免潜在的风险。

四、实时数据处理在船舶智能导航系统中的应用场景

（一）数据流处理技术在船舶智能导航系统中的应用

数据流处理技术在船舶智能导航系统中的应用日益广泛，用于提高船舶的航行安全性、决策效率和智能化水平，其在船舶智能导航系统中的应用具有广泛的前景和潜力，技术的不断发展和完善会为船舶的安全航行和高效运营提供更加有力的支持。

在船舶航行过程中，实时环境监测确保航行安全。通过安装在船舶上的各种传感器和雷达设备，实时获取到气象条件、海洋环境、障碍物等环境信息。这些数据通常以数据流的形式存在，具有实时性、连续性和多源性的特点。数据流处理技术能够实时捕获、处理和分析这些环境数据流。通过对数据流中的关键信息进行提取和整合，获得关于环境的准确、全面的信息。例如，我们可以实时监测到风浪的大小、海流的流向和速度、周围船舶的位置和航向等。这些信息对于船舶的航行决策至关重要，可以帮助船舶避开潜在的危险区域，确保航行的安全。

船舶状态监测，除了环境信息外，船舶的状态信息也是数据流处理的重要对象。船舶的速度、位置、航向、船体结构等状态信息对于航行安全同样重要，通过安装在船舶上的各种传感器和监测系统，实时获取到这些状态信息，并将其转化为数据流进行处理。数据流处理技术能够实时地对这些状态数据流进行分析和监控。通过设定预警阈值和异常检测算法，可以及时发现船舶的异常状态，如速度异常、位置偏移、船体结构损伤等。一旦检测到异常状态，系统可以立即采取相应的措施，如发出警报、调整航行参数等，以确保船舶的安全航行。

航行决策支持，在复杂的航行环境中，船舶需要综合考虑多种因素来做出最优的航行决策。数据流处理技术能够为航行决策提供实时、准确的数据支持。通过对来自不同源的数据流进行实时分析和整合，我们可以提取出与航行决策相关的关键信息，如航道信息、交通流量、障碍物位置等。这些信息可以为船舶提供准确的航行建议或指令，帮助船舶避开潜在的危险区域，选择最优的航行路径。数据流处理技术还可以与其他智能算法和模型相结合，如机器学习、人工智能等，以提高航行决策的智能化水平。通过学习和分析历史航行数据，系统可以不断优化航行策略，提高航行的安全性和效率。

（二）实时计算技术的应用

在船舶智能导航系统中，实时计算技术具有广泛的应用场景。各应用场景并不是孤立的，它们之间可能存在相互关联和依赖，在船舶智能导航系统中，实时计算的具体算法在船舶智能导航系统中会因应用场景和需求的不同而有所差异，实时计算技术实时收集和处理船舶航行相关的数据，与其他技术（如传感器技术、通信技术、控制技术等）相结合，使系统能够迅速评估船舶的当前状态并提供最优的航行决策，从而确保船舶的安全、高效航行。

实时路径规划与优化，实时计算技术能够根据船舶的当前位置、速度、航向以及海洋环境（如水流、风速、障碍物等）实时计算并优化航行路径，避开潜在的危险区域，选择最优的航行路径，提高航行效率和安全性，运用动态规划、A★算法、Dijkstra算法等算法，在实时环境中快速找到最优路径；碰撞风险检测与避免，实时计算技术能够分析船舶与周围物体（如其他船舶、浮标、暗礁等）的相对位置和速度，实时评估碰撞风险，并提前给出避让建议，运用粒子滤波、卡尔曼滤波等算法，融合多种传感器数据，提高目标检测和跟踪的准确性；船舶动态性能监控，实时计算技术能够实时监测船舶的动力系统、船体结构等关键部件的运行状态，及时发现异常情况并给出预警，运用机器学习算法（如神经网络、支持向量机等），用于训练预测模型，提前预测设备故障，实现预防性维护；海洋环境实时监测与预警，实时计算技术能够分析来自气象雷达、红外探测器等设备的实时数据，实时监测海洋环境（如天气、海况、水温等），并给出预警信息，运用流处理算法、时间序列分析等算法，实时处理和分析大量数据，提取有价值的信息；航行数据记录与分析实时计算技术能够实时记录船舶的航行数据（如位置、速度、航向等），并进行分析和处理，用于航行性能评估、航行模式识别等，运用数据库查询、数据挖掘等算法，从大量数据中提取出有价值的信息，为船舶的航行决策提供支持。

第六章　船舶数据的预测维护与故障分析

基于数据的船舶维护策略

一、传统的维护策略

（一）船舶维护的重要性

船舶维护的首要任务是确保船舶能够安全稳定地运行。一个精心维护的船舶，其各部件和系统都处于良好的工作状态，从而大大降低了因设备故障而引发的事故风险。这种预防性的维护方式能够及时发现并解决潜在问题，确保船舶在航行过程中始终保持最佳状态。此外，良好的船舶维护还能为船员提供一个安全的工作环境。在船舶运行过程中，各种设备和系统都处于高速运转状态，如果设备出现故障或问题，可能会对船员造成严重的伤害。定期检查和维护可以确保设备和系统始终运行正常，避免对船员造成潜在的危险。船舶维护还有助于提高运输效率。设备正常运行能够减少因故障而导致的延误，确保货物能够准时送达目的地。这不仅提高了航运企业的声誉，还为客户提供了更加可靠的服务。

船舶维护还有助于降低运营成本。通过定期维护，可以及时发现并修复小问题，避免这些小问题逐渐恶化成为大问题。这样可以减少因设备故障而导致的紧急维修和更换部件的费用，从而降低维修成本。良好的维护可以延长船舶的使用寿命。船舶作为一种昂贵的资产，其使用寿命的长短直接影响到航运企业的经济效益。通过定期检查和保养，可以确保船舶的各个部件和系统始终处于良好的工作状态，从而延长船舶的使用寿命，降低折旧速度。维护良好的船舶设备能够更高效地运行，减少燃油消耗。燃油是船舶运行中的主要成本之一，因此降低燃油消耗对于降低运营成本具有重要意义。通过维护和优化船舶设备，可以提高其运行效率，降低燃油消耗，进一步降低运营成本。

（二）传统的船舶维护策略

在船舶维护的传统策略中，定期维护占据了核心地位。这种维护方式主要基于船舶的使用情况和制造商的建议，定期对船舶的各个系统和部件进行全面的检查、清洁和必要的更换。定期维护的目的是确保船舶设备能够持续、稳定地运行，并预防潜在的安全隐患。通过定期更换磨损的部件、检查系统的运行状态，以及进行必要的维护和调整，可以大大降低船舶在航行过程中出现故障的风险，确保船员的安全和货物的顺利运输。除了定期维护外，传统船舶维护策略还包括事后维修。当船舶设备出现故障或问题时，再进行相应的维修和更换。事后维修主要关注解决当前的问题，确保船舶能够继续运行。尽管事后维修能够迅速解决船舶当前的故障，但这种方式存在一些明显的局限性。首先，它无法预防潜在的问题，只有当故障发生后才能采取行动。其次，事后维修通常需要更长的时间和更高的成本，因为当设备出现故障时，可能需要更复杂的维修操作和更换更多的部件。最后，事后维修还可能对船舶的运营产生不利影响，导致船期延误、货物积压等问题。虽然事后维修在船舶维护中仍然扮演着重要的角色，但在现代船舶管理中，人们开始寻求更加高效和可靠的维护策略，以减少故障对船舶运营的影响。

（三）传统船舶维护策略的局限性

传统船舶维护策略在精准预测故障、数据支持、维修成本、船舶运营以及创新性和灵活性等方面存在一定的局限性。传统船舶维护策略通常依赖于定期维护和事后维修，定期维护虽然能确保船舶在一定时间内的正常运行，但无法精准预测设备何时会出现故障，导致维护周期设置不合理，如过于频繁或间隔过长，从而造成资源的浪费或设备故障未能及时发现。传统船舶维护往往缺乏详细的数据支持，无法对船舶的运行状况进行全面、准确的评估，这使得维护人员难以根据船舶的实际状况制订科学的维护计划，导致维护效果不理想。由于传统船舶维护策略无法精准预测故障，当设备出现故障时，往往需要进行紧急维修，这不仅需要更多的时间和人力投入，还可能涉及更复杂的维修操作和更昂贵的部件更换，从而导致维修成本大幅上升。

船舶运营效率直接影响到航运企业的经济效益。传统船舶维护策略往往需要在船舶停运或减速状态下进行，这会对船舶的运营造成一定的影响，在船舶任务繁忙或时间紧迫的情况下，这种影响可能更加显著。随着船舶技术的不断发展和船舶结构的日益复杂，传统船舶维护策略已经难以满足现代船舶管理的需求，由于传统船舶维护策略缺乏创新性和灵活性，导致维护效果下降甚至失效。

（四）基于数据的船舶维护策略的优势

基于数据的船舶维护策略的核心思想是利用船舶在运行过程中产生的各种数据来指导维护活动，实现更加精准、高效的维护管理。这种策略通过收集、分析和利用船舶运行数据，可以实时掌握船舶各部件和系统的运行状况，从而及时发现潜在问题并预测可能的故障。与传统的定期维护和事后维修相比，基于数据的维护策略具有精准预测与预防、个性化维护计划、降低维护成本、提高运营效率、决策支持、智能化管理以及持续改进等优势。这些优势使得基于数据的船舶维护策略成为现代船舶管理的重要趋势和发展方向。精准预测与预防，通过收集和分析船舶运行数据，能够精准预测设备可能发生的故障，从而提前进行维护，避免设备故障对船舶运营造成的不利影响，这种预测性维护可以显著降低因设备故障导致的停航时间和维修成本，同时提高船舶的可靠性和安全性。个性维护计划，基于数据的维护策略能够根据船舶的实际运行状况、运行环境以及设备特性等因素，制订个性化的维护计划，更加符合船舶的实际情况，能够确保维护活动的针对性和有效性，提高维护效率。降低维护成本，通过精准预测故障和定制维护计划，可以避免不必要的维修活动和更换部件，从而降低维护成本，基于数据的维护策略还可以优化库存管理和备件采购等流程，进一步降低运营成本。提高运营效率，精准预测和及时维护可以确保船舶在运营过程中始终保持最佳状态，减少因设备故障导致的停航时间和延误情况，提高船舶的运营效率，增加航运企业的经济效益。船舶运行数据可以为管理层提供决策支持，帮助他们更好地理解船舶的运营状况、设备性能以及维护需求，基于这些数据，管理层可以做出更加科学、合理的决策，优化船舶的运营和管理。基于数据的维护策略可以与智能化管理系统相结合，实现船舶的智能化管理，通过自动化和智能化的手段，可以减少人工干预和失误，提高管理的准确性和效率。随着船舶运行数据的不断积累和分析，可以不断优化维护策略和方法，提高维护的准确性和效率，发现船舶设计和制造过程中存在的问题，为未来的改进提供参考。

二、基于数据的船舶维护策略概述

（一）核心思想和目标

基于数据的船舶维护策略的核心思想，在于通过收集并分析船舶运行过程中的各种数据，如温度、压力、振动等，来评估设备的健康状态，预测其可能的故障时间，并据此制定合理的维护计划，目标是提高船舶的安全性和运营效率，降低维护成本和减少意外停机时间。

安全性是航运业的首要关注点，通过实时监测设备运行数据，可以及时发现异常情况，预防潜在的安全隐患，例如，通过监测发动机的温度和振动数据，可以在早期发现轴承磨损、密封泄漏等问题，从而避免严重的机械故障。运营效率的提高则体现在减少不必要的停机时间和优化维护计划上。传统的定期维护策略往往会导致设备在仍处于良好状态时就被停机维护，这不仅影响了运营效率，还可能增加额外的维护成本。而基于数据的维护策略则能够根据设备的实际状态来灵活调整维护计划，从而在保障安全的前提下，最大化运营效率。降低成本也是该策略的一个重要目标。通过精准预测设备的维护需求，可以避免过度维护造成的浪费，同时也可以减少因设备故障而导致的意外停机损失。此外，通过对历史数据的分析，还可以优化备件库存，降低库存成本。

（二）基本框架和主要组成部分

基于数据的船舶维护策略的基本框架主要包括数据收集、数据处理与分析、故障预测、维护决策制定以及维护执行与反馈五个环节。数据收集是基于数据的船舶维护策略的基础，涉及在船舶的各个关键部位安装传感器，以实时监测和收集设备的运行状态数据，包括但不限于温度、压力、振动、转速等，它们对于后续的数据处理和故障预测至关重要。数据处理与分析，收集到的原始数据需要经过清洗、转换和标准化等处理步骤，以消除异常值和噪声，提取出有用的特征信息，利用数据分析技术对处理后的数据进行深入挖掘，以识别出与设备故障相关的模式和趋势。故障预测，基于数据处理与分析的结果，利用机器学习等算法构建故障预测模型。这些模型能够根据历史数据和当前设备的运行状态，预测未来一段时间内设备发生故障的概率和时间点，这为后续的维护决策提供了重要依据。维护决策制定，根据故障预测的结果，结合船舶的运营计划和维护资源，制定合理的维护决策。这包括确定维护的时间、地点、内容以及所需的备件和人员等资源。维护决策的制定需要综合考虑安全性、运营效率和成本等多个因素。同时，根据制定的维护决策执行具体的维护工作。在维护过程中，需要记录详细的维护数据，包括维护的内容、时间、人员以及更换的备件等信息。这些数据将作为宝贵的反馈信息，用于优化未来的维护策略和提高故障预测的准确性。

三、数据分析技术

基于数据的船舶维护策略有多种数据分析技术，这些数据分析技术可以单独使用，也可以相互结合使用，形成一个综合性的数据分析平台，通过该平台，可以全面、深入地了解船舶设备的运行状况，为制订科学的维护计划提供有力的支持。随着技术的不断发展，新的数据分析技术也将不断涌现，为船舶维护带来更多的可能性和机遇。

（一）预测性维护技术

1. 工作原理

预测性维护技术的核心思想在于利用船舶设备的历史运行数据，通过先进的数据分析手段，预测设备未来可能发生故障的时间点，从而在故障实际发生之前进行预防性的维护，这种方法改变了传统的"故障后维修"或"定期维护"的模式，实现了更加精准和高效的设备维护。预测性维护技术具有显著的优势，能够提前预防设备故障，避免了因设备突发故障导致的停机时间和维修成本；通过减少设备故障的发生，预测性维护提高了船舶的可靠性和运营效率，保证了货物能够准时送达，提高了客户的满意度；预测性维护还能优化备件库存和维修资源的管理，进一步降低运营成本。

2. 主要算法

预测性维护技术的实现主要依赖先进的数据分析算法和技术，机器学习算法：通过历史故障数据和对应的正常运行数据，训练分类或回归模型，例如，可以使用逻辑回归、支持向量机（SVM）或随机森林等算法，预测设备是否会在未来某个时间点发生故障。通过聚类算法，如K-means或DBSCAN，分析设备的运行状态数据，发现异常模式或潜在故障迹象。深度学习：对于复杂的船舶系统，可以使用深度学习模型（如循环神经网络RNN、长短时记忆网络LSTM等）来处理和分析时间序列数据，预测设备未来的性能或故障趋势。时间序列分析是一种专门用于分析时间序列数据的统计方法。通过对船舶设备历史运行数据的时间序列分析，可以识别出设备性能的变化趋势、周期性波动和异常值，从而预测未来的设备状态。常用的时间序列分析方法包括移动平均法、指数平滑法、ARIMA模型等。特征提取和选择：在建立预测模型之前，需要从原始数据中提取出与设备故障相关的关键特征，这些特征可能包括设备的运行参数、温度、压力、振动数据等，通过特征选择算法（如决策树、随机森林等），可以筛选出与故障预测最为相关的特征，提高模型的预测精度。模型验证和优化：为了确保预测模型的准确性和可靠性，需要对模型进行验证和优化。这可以通过交叉验证、流程验证或自助法等方法来实现，使用网格搜索、随机搜索或贝叶斯优化等技术来优化模型的超参数，进一步提高模型的性能。通过结合这些算法和技术，预测性维护技术能够实现对船舶设备未来故障的精准预测和预防性维护，提高船舶的可靠性和运营效率。

3. 实现路径

预测性维护技术通过先进的数据分析、机器学习和物联网技术来识别船舶维护需求，并优化船舶维护计划路径。使用传感器技术和物联网设备实时收集船舶各个系统的运行数据，如发动机状态、液压系统、电气系统等，数据收集应该覆盖船舶的各个关键部位和组件，以便全面了解船舶的运行状态。对收集到的数据进行清洗、整合和标准化处理，去除异常值和噪声数据，利用数据挖掘和机器学习算法分析数据，识别船舶设备的运行模式和潜在故障模式。建立预测模型，利用历史数据和实时数据预测设备的剩余使用寿命和可能发生的故障。通过分析设备的运行数据，预测设备可能出现的问题或故障，并提前给出预警信号，利用机器学习算法对设备状态进行分类，区分正常状态、异常状态和故障状态。结合船舶的运行计划和航行路线，预测船舶在不同时间和地点可能面临的维护需求。利用风险评估模型对预测到的故障进行评估，确定其对船舶安全、航行性能和经济效益的影响，对维护任务进行优先级排序，确保先处理对船舶安全影响最大的故障。结合船舶的航行计划、港口停靠时间和可用资源等因素，制订优化的维护计划，利用调度算法和运筹学方法，确定最佳的维护时间、地点和维修人员配置，考虑到船舶的运行特点和维护需求，制订灵活的维护计划，以应对突发事件和变化的需求。在船舶运行过程中实时监测设备的运行状态和性能变化，确保预测性维护的有效性，对预测模型进行更新和优化，提高预测的准确性和可靠性，收集维护过程中的反馈数据，对维护计划进行评估和调整，以不断改进维护效果。将预测性维护技术与船舶的自动化、智能化系统相结合，提高船舶的自主维护能力，利用物联网和云计算技术实现船舶数据的远程监控和分析，为船舶维护提供远程支持和服务，探索新的数据分析和机器学习算法，提高预测性维护的准确性和效率。通过以上步骤和策略，预测性维护技术可以有效识别船舶的维护需求，优化船舶的维护计划路径，提高船舶的可靠性、降低维护成本，延长船舶的使用寿命。

（二）故障模式与影响分析（FMEA）

1. 工作原理

故障模式与影响分析（FMEA）是一种系统化的方法，旨在识别船舶设备中潜在的故障模式，评估这些故障模式对船舶运营的影响，并据此确定维护的优先级和策略。它通过对设备、系统或过程的潜在故障进行前瞻性分析，帮助团队在设计和维护阶段就考虑到可能的故障情况，从而采取预防措施，减少故障发生的可能性和影响。FMEA在船舶维护中具有显著的优势。首先，它有助于识别关键设备和关键故障点，使维护团队能够集中资源对重要设备和系统进行优先维护。其次，通过评估故障对船舶运营的影响，FMEA可以帮助团队制订针对性的维护计划，确保在故障发生时能够迅速、有效地进行应对。此外，FMEA还能促进团队成员之间的沟通和协作，增强整个团队的故障预防意识和能力。

2. 主要算法

FMEA技术是通过结合专家评估、历史数据分析和算法辅助等方法，FMEA能够全面、系统地识别船舶设备的潜在故障模式，评估其对船舶运营的影响，并为制订针对性的维护计划提供有力的支持。通过头脑风暴、研讨会等方式进行，利用专家经验和知识，识别船舶设备可能出现的故障模式，分析船舶设备的历史运行数据、维修记录和故障报告，发现设备常见的故障模式和原因。使用故障树分析方法（FTA）来系统地识别设备故障的所有可能的原因和路径，评估故障模式对船舶运营的影响，包括安全、性能、经济性等方面的影响，使用定性和定量评估方法，如风险矩阵、故障影响评分等，根据故障发生的可能性和影响程度，对故障模式进行风险排序，确定维护的优先级和策略，针对每个故障模式，制定相应的预防措施和应对策略，包括改进设计、优化维护计划、加强培训等。在FMEA过程中，引入算法来辅助分析和决策，例如，可以使用聚类算法对故障模式进行分类，以便更好地识别关键故障点；使用决策树或神经网络算法来预测故障发生的可能性和影响程度，为风险排序提供依据；利用自然语言处理（NLP）技术来分析历史故障报告和维修记录，自动提取故障模式和影响信息，提高FMEA的效率和准确性。FMEA是一个持续迭代改进的过程，随着船舶运营数据的积累和经验的积累，可以不断对FMEA进行迭代和改进，以更好地适应船舶维护的需求。

3. 实现路径

故障模式与影响分析（FMEA）首先识别船舶系统中可能发生的各种故障模式，故障模式可能源于设备、系统或操作过程中的各种潜在问题，通过分析船舶的历史故障数据、设备性能参数以及操作环境等因素，可以预测和识别出潜在的故障模式，对每一种识别出的故障模式，FMEA都会评估其可能对产品或服务（在这里是船舶）的性能、可靠性、安全性等方面的影响，通过评估故障影响的严重程度，确定故障模式优先处理级别以及处理这些故障所需的时间和资源。在识别故障模式和评估故障影响的基础上，FMEA会进一步分析导致这些故障模式的原因，制定更有效的预防措施和纠正措施，以减少故障的发生和降低故障的影响。基于FMEA的分析结果，制订针对性的维护计划，包括定期检查、预防性维护、维修和更换零部件等具体措施，维护计划应该根据故障模式的严重程度和故障原因的紧迫性进行优先级排序，以确保关键设备和系统得到及时和有效的维护。在制订维护计划时，FMEA可以帮助优化维护计划路径，包括选择合适的维护时间、地点和维修人员、船舶的航行计划、港口停靠时间和可用资源等因素，制订更加灵活和高效的维护计划路径，以提高维护效率并降低维护成本。FMEA在维护过程中，应不断收集和分析数据，评估维护计划的有效性和识别新的故障模式，对维护计划进行调整和优化，以进一步提高船舶的可靠性和安全性。

（三）状态监测与故障预测

1. 工作原理

状态监测与故障预测的工作原理主要基于数据分析和模型预测。首先，系统会收集设备的历史数据和实时数据，包括振动、温度、压力、电流等多种参数，它们能够反映设备的运行状态。利用收集到的数据，系统会建立一个设备正常运行的基准模型，代表了设备在健康状态下的运行参数和特征。系统会持续监控设备的实时数据，并将其与基准模型进行对比，通过对比分析，系统能够检测出设备的异常状态或潜在的故障迹象。基于统计方法和机器学习算法，系统会对设备的未来状态进行预测。通过分析历史数据和实时数据的趋势，系统能够判断设备是否可能发生故障，并提前发出预警。

2. 主要算法

在状态监测与故障预测中，主要使用的算法包括统计方法和机器学习算法。

统计方法主要用于分析数据的分布、均值、方差等统计特征，从而判断设备的运行状态是否偏离了正常范围，例如，可以使用控制图（如X–bar和R控制图）来监控设备参数的变化，及时发现异常。机器学习算法在故障预测中发挥着重要作用，这些算法能够从大量数据中学习并提取有用的信息，以预测设备的未来状态。常用的机器学习算法包括支持向量机（SVM）、随机森林、神经网络等。这些算法可以处理高维数据，并发现数据中的复杂模式，用于故障的早期检测。

3. 实现路径

收集并整理设备的历史数据和实时数据，确保数据的准确性和完整性，对数据进行预处理，如清洗、特征提取等，以便后续的模型训练和分析。选择合适的机器学习算法，如神经网络、支持向量机等，使用历史数据训练模型，使其能够学习到设备正常运行时的数据特征。将训练好的模型应用于实时数据的监控中，通过对比分析实时数据与基准模型的差异，检测设备的异常状态，利用模型对设备的未来状态进行预测，及时发现潜在的故障，并发出预警信息。根据实际运行情况和预测结果，对模型进行持续的优化和调整，以提高预测的准确性和可靠性，定期对模型进行验证和更新，以适应设备运行环境的变化和设备自身的老化过程。

（四）数据挖掘技术

1. 工作原理

数据挖掘技术的核心思想在于从海量的船舶运行数据中，通过特定的算法和工具，自动或半自动地发现和提取出有价值的信息、隐藏的模式和规律。这些信息不仅可以帮助我们深入了解船舶的运行状态，还能为船舶的维护活动提供科学的指导，从而优化维护策略，提高船舶的可靠性和运营效率。数据挖掘技术的优势在于其能够处理和分析大量复杂的船舶运行数据。通过高级的数据分析技术，可以发现数据中隐藏的规律和模式，这些规律可能是之前未被注意到的，但却对船舶维护有着重要的影响。数据挖掘还能揭示数据之间的关联性和依赖性，为船舶维护提供新的视角和思路，帮助我们更好地理解和预测船舶的运行状况。

2. 主要算法

数据挖掘技术处理数据，数据清洗去除重复、错误或无关的数据；数据转换将数据转换为适合挖掘的格式；数据集成整合来自不同来源的数据。使用多种算法，包括使用Apriori算法或FP-Growth算法，发现船舶运行数据中不同参数之间的关联关系，例如，发现某个设备参数的异常变化可能与另一设备的故障存在关联；使用K-Means、层次聚类等算法，将船舶运行数据中的相似模式或行为分组，识别设备的正常运行模式和异常模式；构建决策树模型，用于预测设备的维护需求或故障风险，能够直观地看到哪些因素（如运行时间、负载、温度等）对设备状态有重要影响；运用神经网络算法，用于处理复杂的非线性关系，预测设备性能下降的趋势；做时间序列分析设备性能随时间的变化趋势，预测未来的性能状态；文本挖掘，对于包含文本数据的故障报告或维修记录，使用自然语言处理（NLP）技术进行文本挖掘，提取关键信息。结果解释与应用，对挖掘结果进行解释和可视化，使维护人员能够直观地理解数据中的规律和模式。将挖掘结果应用于实际的船舶维护活动中，优化维护计划，提高维护效率。通过数据挖掘技术的应用，我们可以更加深入地了解船舶的运行状态，发现潜在的故障风险，并提前采取相应的维护措施。这不仅可以降低故障发生的概率，还可以提高船舶的可靠性和运营效率，为船舶的安全运行提供有力保障。

3. 实现路径

数据挖掘技术通过收集和分析船舶相关的各种数据，识别船舶的维护需求并优化维护计划路径。数据挖掘技术需要收集船舶相关的各种数据，包括设备运行数据、维护记录、故障报告、环境数据等，对来自不同的系统和来源进行整合和标准化处理，以便进行后续的分析；通过数据挖掘技术中的分类和聚类算法识别出船舶系统中常见的故障模式，例如，使用决策树、支持向量机（SVM）或神经网络等算法，可以对历史故障数据进行学习，并识别出新的故障模式；数据挖掘技术发现船舶系统各组件之间的关联规则，例如，通过关联规则挖掘算法，可以识别出哪些设备或系统之间的故障存在关联，从而提前预防潜在问题；利用时间序列分析、回归分析等数据挖掘技术，构建预测模型来预测船舶设备的剩余使用寿命、潜在故障发生时间等。根据数据挖掘的结果，对船舶的维护需求进行优先级排序，例如，对于那些对船舶安全、航行性能或经济效益影响较大的故障模式，可以给予更高的优先级。在制订维护计划时，数据挖掘技术可以提供有价值的见解，通过分析历史维护数据和设备性能数据，可以识别出哪些维护活动对设备性能的影响最大，并据此优化维护计划。确定最佳的维护时间窗口和维修人员配置，以最小化维护成本并最大化船舶的可用性。在船舶运行过程中，数据挖掘技术实时监测设备的运行状态和性能变化，及时发现异常情况并采取相应的措施，以减少故障的发生和降低故障的影响，并对预测模型进行验证和更新，以提高预测的准确性。数据挖掘是一个持续改进的过程，随着新数据的不断加入和技术的不断发展，可以不断优化数据挖掘模型和算法，以提高其在识别船舶维护需求和优化维护计划路径方面的性能。

（五）实时数据分析技术

1. 工作原理

实时数据分析技术的核心思想在于通过实时监测船舶设备的运行状态，实时采集其运行数据，并利用先进的数据分析算法对这些数据进行即时处理，从而迅速发现异常情况并做出相应处理。这种技术旨在确保船舶设备的稳定运行，减少因故障而导致的停机时间和经济损失。实时数据分析技术的主要优势在于其能够实时掌握船舶设备的运行状况，对突发事件做出快速响应。与传统的定期检测或事后维修相比，实时数据分析能够及时发现潜在问题，避免设备在关键时刻出现故障。此外，该技术还可以帮助船舶运营者更好地理解设备的运行规律，优化设备的使用和维护策略，进一步提高设备的可靠性和使用寿命。

2. 主要算法

实时数据分析技术的实现主要依赖于传感器技术、物联网技术和先进的数据分析算法。传感器是实时数据采集的基础。通过在船舶设备上安装各种传感器，如温度传感器、压力传感器、振动传感器等，可以实时监测设备的运行状态和参数变化。这些传感器将收集到的数据通过有线或无线方式传输到数据中心。物联网技术使得传感器之间的数据交换成为可能。通过将船舶设备上的传感器连接到互联网，可以实现数据的远程传输和实时监控。同时，物联网技术还可以实现设备之间的互联互通，为船舶设备的协同运行提供支持。在接收到实时数据后，需要利用先进的数据分析算法对数据进行处理和分析。数据分析算法设定设备的正常运行参数范围，当实时监测到的数据超出或低于这些范围时，就会触发警报；利用统计方法或机器学习算法，如基于距离的异常检测、基于密度的异常检测等，识别数据中的异常点或异常模式，对时间序列数据进行建模和分析，预测设备未来的运行趋势或潜在问题；如使用支持向量机（SVM）、神经网络等算法，对设备状态进行分类或预测，实现故障预警和诊断。将分析结果以可视化的方式展示给船舶运营者，如通过仪表盘、报表或实时监控界面等。同时，根据分析结果制定相应的处理措施，如调整设备参数、触发警报通知维修人员等。通过实时数据分析技术的应用，船舶运营者可以更加全面地了解设备的运行状态，及时发现并处理异常情况，确保船舶的安全稳定运行。

3. 实现路径

实时数据分析技术通过实时监测船舶的运行状态、分析实时数据并预测潜在故障，能够准确识别船舶的维护需求并优化维护计划路径，提高船舶的可靠性、降低维护成本并延长船舶的使用寿命。实时数据分析技术通过在船舶上安装各种传感器和监测系统，实时收集船舶各个系统、设备和组件的运行数据，包括温度、压力、振动、电流等关键指标，以及船舶的航行状态、环境参数等，迅速处理和分析收集到的数据，及时发现异常情况和潜在故障，建立预警模型或利用机器学习算法，对实时数据进行模式识别，预测并发出故障预警信号，这使得维护团队能够在故障发生之前采取行动，避免潜在的设备损坏或安全事故；实时数据分析技术能够根据船舶的实时运行状态和历史维护记录，识别出当前的维护需求，例如，通过分析设备的运行数据，可以判断其是否需要更换零部件、进行润滑保养或调整工作参数等，这使得维护团队能够准确了解当前的维护需求，并制订相应的维护计划；实时数据分析技术根据船舶的实时运行状态和预测结果，对维护计划优化，分析设备的剩余使用寿命、潜在故障发生时间等因素，确定最佳的维护时间窗口和维修人员配置；考虑船舶的航行计划、港口停靠时间等因素，确保维护活动在合适的时间进行，以减少对船舶运营的影响；通过分析船舶的实时维护需求和可用资源（如维修人员、备件等），合理安排维护任务，确保资源的高效利用，降低维护成本，并提高船舶的可靠性和可用性。随着新数据的不断加入和技术的不断发展，不断优化数据分析模型和算法，定期回顾和分析历史数据发现潜在的改进点，提高其在识别船舶维护需求和优化维护计划路径方面的性能。

（六）可视化技术

1. 工作原理

可视化技术的核心思想是将复杂的船舶运行数据转化为直观、易于理解的图形、图表等形式，从而帮助人们更好地理解和分析船舶设备的运行状态和趋势。通过可视化展示，人们可以迅速捕捉数据中的关键信息，发现潜在问题，并据此制订有效的维护计划。可视化技术的优势在于其直观性和易理解性。通过将船舶运行数据以图形、图表等形式展现，人们可以更加直观地了解设备的运行状态。这种直观性有助于人们更快地发现问题，并制定相应的解决方案。可视化技术帮助人们发现数据中的规律和模式，为船舶维护提供新的视角和思路。

2. 主要算法

可视化技术的实现依赖于数据可视化工具，如Excel、Tableau、Power BI等，这些工具提供了丰富的图表类型和交互功能，可以根据用户的需求对数据进行处理和展示。数据准备需要收集船舶运行数据，并进行必要的清洗和整理。这包括去除重复数据、处理缺失值、转换数据类型等步骤；在数据准备完成后，可以使用数据可视化工具进行初步的数据探索，通过绘制简单的图表，如柱状图、折线图等，可以初步了解数据的分布和趋势；根据数据的特性和分析需求，选择合适的可视化类型，例如，对于时间序列数据，可以选择折线图或面积图来展示数据的变化趋势；对于分类数据，可以选择柱状图或饼图来展示各类别的占比情况；将船舶运行数据映射到选定的可视化类型上。这涉及将数据字段与图表的轴、颜色、大小等属性进行关联；为了提高用户体验和数据分析的灵活性，可以在可视化图表中添加交互功能。例如，允许用户通过点击图表中的元素来查看详细信息、筛选数据或进行其他操作。在某些情况下，可能需要利用算法对船舶运行数据进行更深入的分析。例如，可以使用聚类算法对设备状态进行聚类分析，以便发现异常状态或潜在问题；可以使用预测算法对设备性能进行预测，以便提前制订维护计划，这些算法可以与数据可视化工具结合使用，将分析结果以可视化的形式展现出来。完成可视化图表后，可以将其展示给相关人员，如船舶运营者、维修人员等。通过直观的图表展示，可以更加快速地了解船舶设备的运行状态和趋势，据此制订相应的维护计划。将可视化图表分享给其他人员或部门，以便更广泛地传播和使用。通过可视化技术的应用，更加直观地了解船舶设备的运行状态和趋势，有效地进行设备维护和管理。

3. 实现路径

可视化技术通过实时状态监控、故障预警与识别、维护需求识别、维护计划优化等方式，为船舶维护提供了强大的支持。通过直观、易于理解的可视化结果，维护人员能够更快地发现问题、制订维护计划，并做出更加明智的决策，从而提高船舶的可靠性和维护效率。可视化技术实时展示船舶各个系统、设备和组件的运行状态，通常以图形、图表或仪表板的形式呈现，使得维护人员能够直观地了解船舶的实时状态；将异常情况和潜在故障以可视化的方式展现出来，如通过颜色变化、闪烁或其他视觉提示来引起维护人员的注意。将历史维护记录、设备性能数据等以可视化的方式呈现，维护人员可以更容易地识别出当前的维护需求，例如，可以使用柱状图、折线图等图表展示设备的维修频率、故障类型等信息，从而帮助维护人员确定需要重点关注和维护的设备或系统。通过将船舶的航行计划、港口停靠时间、维护任务等因素以可视化的方式呈现出来，维护人员可以更好地安排维护任务和时间窗口，确保维护活动在合适的时间进行，以减少对船舶运营的影响。通过可视化技术，维护团队可以清晰地了解当前可用的维护资源（如维修人员、备件等）及分配情况，更好地进行资源管理和调度，确保资源的有效利用，降低维护成本。将复杂的数据和信息直观、易于理解地呈现出来，可视化技术帮助决策者更快地理解问题、分析情况，并做出更加明智的决策。

（七）趋势分析与预测

1. 工作原理

趋势分析与预测的工作原理主要是基于对长时间序列数据的深入挖掘和分析。这种方法的核心在于，通过观察设备或系统在一段时间内的性能数据变化，来识别其性能退化的趋势，并利用统计方法来预测未来的发展趋势，如设备寿命、维修时间等。需要收集设备或系统长时间运行过程中的性能数据，这些数据可能包括设备的运行效率、故障率、维修记录等。通过对这些时间序列数据的分析，可以识别出设备性能的变化趋势。例如，如果设备的运行效率逐渐下降，那么这可能意味着设备正在经历性能退化。在识别出性能退化趋势后，可以利用回归分析、时间序列分析等统计方法来预测设备未来的性能状态，包括预计的寿命和可能的维修时间。

2. 主要算法

回归分析是一种统计学上的预测分析，用于确定两种或两种以上变量间相互依赖的定量关系。在趋势分析与预测中，回归分析可以帮助我们明确设备性能与时间之间的关系，从而预测设备在未来某一时间点的性能状态。时间序列分析是一种处理动态数据的统计方法。它通过分析数据随时间变化的特点，来预测未来数据的发展趋势。在趋势分析与预测中，时间序列分析可以帮助我们根据设备过去和现在的性能数据，来预测其未来的性能变化。

3. 实现路径

收集设备长时间运行过程中的性能数据，并对这些数据进行清洗、整理，以确保数据的准确性和完整性，利用统计软件或数据分析工具对数据进行分析，识别出设备性能的变化趋势。这可能需要运用图表、统计指标等方法来直观地展示和分析数据。根据识别出的趋势，选择合适的统计方法（如回归分析、时间序列分析等）建立预测模型。然后利用这个模型来预测设备未来的性能状态，包括预计的寿命和可能的维修时间。对预测结果进行评估，如果预测结果与实际情况存在较大差异，则需要对模型进行调整和优化，以提高预测的准确性；同时，也需要定期更新数据并重新进行预测，以适应设备性能的变化。

船舶故障预测模型和案例分析

一、船舶故障预测模型的基本概念和类型

（一）故障预测模型的工作原理

故障预测模型在船舶维护中是基于对历史数据、实时数据和运行环境的深入分析，来预测船舶设备或系统未来可能发生的故障，其工作原理主要包括数据收集、特征提取、模型训练和预测等。故障预测模型依赖大量的数据收集作为输入，这些数据可能来自船舶的各个系统，包括发动机、推进器、

电力系统、船体结构等，数据收集的过程需要确保数据的完整性、准确性和实时性，通过传感器、监控系统和人工记录等方式，可以获取到设备的运行状态、性能指标、维护历史等关键信息。特征提取是将原始数据转化为对故障预测有意义的特征的过程，包括设备的温度、压力、振动、电流等物理量，以及设备的运行时间、负载情况、维护历史等统计信息。通过选择合适的特征，可以提高故障预测模型的准确性和泛化能力。在提取出关键特征后，需要使用这些数据来训练故障预测模型，模型训练是一个迭代的过程，通过不断调整模型的参数和结构，使其能够更好地拟合历史数据并预测未来的故障，常用的故障预测模型包括基于物理的模型、基于统计的模型和基于机器学习的模型等，这些模型各有优缺点，需要根据具体的应用场景和数据特点来选择合适的模型。一旦模型训练完成，就可以将其应用于实时数据的预测中，通过将实时数据输入训练好的模型中，可以得到设备或系统未来发生故障的概率或时间，这些预测结果可以为维修人员提供重要的参考信息，帮助他们提前发现并修复潜在故障，从而提高船舶的可靠性和安全性。故障预测模型并不是万能的，由于船舶设备和系统的复杂性以及运行环境的多样性，预测结果可能会存在一定的误差。因此，在实际应用中需要结合实际情况进行综合判断和分析，以提高故障预测的准确性和可靠性。同时，随着技术的不断发展和数据的不断积累，故障预测模型也将不断优化和改进，以适应更加复杂和多样化的应用场景。

（二）常用的船舶故障预测模型

1. 时间序列模型

时间序列模型基于过去的历史数据来预测未来的趋势，其中ARMA（自回归移动平均）模型作为一种常用的线性时间序列预测方法，通过合理构建和应用ARMA模型，可以实现对船舶设备和系统故障趋势的准确预测，为船舶的安全运行和维护提供有力支持，在船舶故障预测中具有广泛的应用前景。ARMA模型结合了自回归（AR）模型和移动平均（MA）模型的特点，以捕捉时间序列数据中的自相关性和移动平均性。自回归模型假定时间序列的当前值是其过去值的线性组合，而移动平均模型则考虑了过去的预测误差。通过将这两种模型结合，ARMA模型能够更准确地模拟和预测时间序列的动态特性。在船舶故障预测中，ARMA模型可以应用于各种设备和系统的故障数据。通过收集和分析船舶运行过程中的历史故障数据，可以识别出故障发生的模式和规律。然后，使用ARMA模型对这些数据进行拟合，可以建立一个能够预测未来故障趋势的模型。

在构建ARMA模型时，需要确定模型的阶数，即AR部分和MA部分的滞后阶数，通常通过统计检验和模型选择准则来确定，以确保模型能够准确地拟合历史数据并预测未来的故障情况。模型构建完成后通过将新的观测值输入模型中，可以得到一个预测值，该预测值表示未来某个时间点发生故障的概率或程度。这些预测结果可以为船舶维修人员提供重要的参考信息，帮助他们提前发现潜在的故障风险，并采取相应的维护措施来预防故障的发生。ARMA模型是一种线性模型，它假设时间序列数据之间的关系是线性的，而在实际应用中，船舶故障数据可能呈现出非线性或复杂的动态特性，在使用ARMA模型进行故障预测时，需要谨慎评估其适用性和准确性，并结合其他模型和方法进行综合分析和预测。

2. 神经网络模型

神经网络模型在船舶故障预测领域中的应用已经变得越来越普遍，尤其是循环神经网络（RNN）和长短时记忆网络（LSTM）这两种模型，它们在处理时间序列数据和预测方面具有显著的优势。

循环神经网络（RNN）是一种特别适合处理序列数据的神经网络，在RNN中，信息不仅在当前节点之间流动，还会在节点之间循环传递，从而能够捕捉到时间序列中的依赖关系，对于船舶故障预测而言，RNN能够利用设备历史运行数据中的时间依赖性，预测未来的故障趋势，传统的RNN在处理长序列时可能会遇到梯度消失或梯度爆炸的问题，导致模型无法有效地学习到长期依赖关系。为了解决这个问题，研究人员提出了长短时记忆网络（LSTM）。

长短时记忆网络（LSTM）是RNN的一种变体，它通过引入门控机制来控制信息的传递，从而能够更好地捕捉长期依赖关系。LSTM包含三个门：输入门、遗忘门和输出门，它们共同决定了信息在LSTM单元中的流动方式。在船舶故障预测中，LSTM可以学习并模拟复杂的非线性关系，从而更准确地预测设备未来的故障情况。例如，LSTM可以学习到船舶设备在不同工况下的运行特征，以及这些特征与故障之间的复杂关系。当新的观测数据输入LSTM模型中时，模型可以根据这些历史信息来预测未来的故障趋势。

神经网络模型，特别是RNN和LSTM，在船舶故障预测中优势明显。具有非线性处理能力，这些模型能够学习和模拟复杂的非线性关系，从而更准确地预测设备未来的故障情况。时间序列处理能力，RNN和LSTM特别擅长处理时间序列数据，能够捕捉到数据中的时间依赖性，这对于船舶故障预测至关重要。自适应学习能力，神经网络模型具有自适应学习能力，能够根据新的数据自动调整模型参数，提高预测的准确性。神经网络模型在船舶故障预测中通过利用RNN和LSTM等先进的模型，更准确地预测船舶设备的故障情况，为船舶的安全运行和维护提供有力支持，随着技术的不断发展，未来将有更多先进的神经网络模型被应用于船舶故障预测领域，为船舶的安全性和可靠性保驾护航。

3.线性回归模型

线性回归模型是一种简单但强大的统计工具。许多船舶系统和设备的故障发生机制可能呈现出复杂的非线性关系，但线性回归模型在特定情况下仍能提供有价值的预测和洞察。线性回归模型的基本原理是基于这样一个假设，因变量（在这里是故障发生的概率或频率）与自变量（可能是设备的运行时间、负载、温度等关键变量）之间存在线性关系。通过收集历史数据，我们可以使用统计方法（如最小二乘法）来估计这种线性关系的参数，从而建立一个预测模型。在船舶故障预测中，线性回归模型可以帮助我们识别哪些因素与故障发生密切相关，并据此预测未来的故障趋势，例如，如果历史数据显示船舶发动机的温度与故障发生率之间存在线性关系，那么我们就可以通过监测发动机温度来预测未来的故障风险。线性回归模型还可以用于比较不同因素对故障发生的影响程度，通过比较各个自变量的系数大小和符号，我们可以了解哪些因素对故障发生的影响更大，以及这些因素是正向影响还是负向影响。

线性回归模型在船舶故障预测中也存在一些局限性。线性回归模型假设因变量与自变量之间存在线性关系，这在许多情况下可能并不成立，船舶系统和设备的故障发生机制往往涉及多个因素之间的复杂交互作用，这些交互作用可能呈现出非线性特征。线性回归模型对异常值和噪声数据比较敏感，在船舶故障预测中，由于数据收集和处理过程中可能存在误差和不确定性，因此异常值和噪声数据是不可避免的，这些异常值和噪声数据可能会对线性回归模型的预测性能产生负面影响。为了克服线性回归模型的局限性，在建立线性回归模型之前，应该对数据进行适当的预处理和清洗，以消除异常值和噪声数据的影响；通过特征工程来提取和构建与故障发生密切相关的特征，以提高模型的预测性能，包括非线性特征的转换和组合等；将线性回归模型与其他模型（如神经网络、决策树等）进行集成，以捕捉数据中的非线性关系和复杂交互作用，通过组合多个模型的预测结果来提高整体的预测准确性。

4. 灰色模型（Grey Model）

灰色模型（Grey Model），又称灰色系统预测模型，是基于灰色系统理论发展而来的预测技术，具有数据需求低、处理不完全信息、动态预测和简单易用等优势。在船舶故障预测领域，特别是在面临数据量较少、信息不完全或数据分布不均匀的情境下，它能够为维修人员提供有价值的参考，帮助提高船舶运行的安全性和可靠性，灰色模型以其独特的优势在船舶故障预测领域具有广阔的应用前景和重要的实践意义。灰色系统理论是由中国学者邓聚龙教授提出的，旨在处理部分信息已知、部分信息未知的小样本、贫信息不确定性系统，灰色模型认为，任何随机过程都是在一定时空区域内变化的灰色量，并将随机过程看作灰色微分方程的解进行处理。

在船舶故障预测中，由于船舶运行环境的复杂性和数据收集的限制，常常面临数据量不足或信息不完全的问题，传统的预测方法可能无法有效应用，灰色模型则能够利用有限的、不完全的信息，通过灰色微分方程的建立和求解，对船舶故障进行预测。灰色模型对数据的数量和质量要求相对较低，能够在数据量较少的情况下进行预测，适用于船舶故障预测中的小样本问题。灰色模型能够处理信息不完的情况，通过灰色微分方程的建立和求解，提取数据中的有用信息，进行预测分析。灰色模型具有动态预测的能力，能够根据历史数据和当前数据的变化趋势，对未来的故障情况进行预测。灰色模型的建立过程相对简单，易于理解和操作，便于在实际应用中推广和使用。灰色模型的建立，首先收集船舶运行的历史数据，包括设备运行时间、负载、温度等关键参数，对收集到的数据进行预处理，包括数据清洗、缺失值填充等，确保数据的准确性和完整性，根据处理后的数据，建立灰色微分方程，描述数据的变化趋势和规律，通过求解灰色微分方程，得到预测模型的参数和预测结果，使用验证数据集对预测结果进行验证，评估模型的准确性和可靠性。

5. 基于物理的模型

基于物理的模型是基于船舶设备或系统的物理原理和运行机制，通过精确的数学表达来模拟和预测潜在的故障，核心在于深入理解船舶各系统和组件的工作原理、结构特点以及它们之间的相互作用。在船舶故障预测中，物理模型提供对船舶系统和设备行为机理的深刻洞察，预测并预防潜在的问题，通过模拟船舶在不同工况下的运行状况，揭示设备性能下降的趋势，为维修人员提供及时的预警和维修建议。建立精确的物理模型并非易事，船舶设备和系统通常具有复杂的物理特性和运行机制，这要求我们有足够的专业知识和技术来理解和建模；船舶运行环境的多变性和不确定性也给物理模型的建立带来了挑战，例如，海洋环境的波动、船舶负载的变化以及设备老化等因素都可能影响船舶设备和系统的性能。

物理模型的建立先对船舶设备和系统进行深入的分析，了解其物理特性、工作原理以及运行环境，包括对设备结构、材料、工作原理以及与其他系统的交互关系等方面的研究，根据物理原理和数学工具建立数学模型，包括微分方程、差分方程或状态空间方程等，用于描述系统的动态行为，通过实验数据或历史数据对模型参数进行辨识，以确保模型的准确性和可靠性。参数辨识的方法包括最小二乘法、遗传算法等，使用独立的验证数据集对模型进行验证，评估其预测性能和鲁棒性，如果模型表现不佳，可能需要调整模型结构或参数设置。模型验证通过即可根据实时数据更新模型状态，计算故障发生的概率或时间，预测未来的故障趋势。

6. 基于数据的模型

基于数据的模型以历史数据为基础，通过挖掘和分析这些数据中的隐藏模式和趋势，来预测未来的故障风险，核心在于数据的丰富性和算法的精确性，为船舶的安全运行提供了强有力的技术支持。在基于数据的模型中，数据是预测准确性的关键，船舶在运行过程中会产生大量的数据，包括设备的运行参数、环境数据、维护记录等，记录了船舶和设备的历史运行状况，包含了潜在的故障信息。通过对这些数据进行分析，发现隐藏在其中的规律和趋势，从而预测未来的故障风险。在基于数据的模型中，算法和模型的选择至关重要。需要选择适合处理船舶故障预测问题的算法，如机器学习算法、深度学习算法等，这些算法能够自动从数据中学习并提取有用的特征，进而建立预测模型。根据具体的数据特点和预测需求来选择合适的模型结构，如神经网络、决策树、支持向量机等充分利用数据的特性，提高预测的准确性。

基于数据的模型在船舶故障预测面临着一些挑战数据的收集和处理需要耗费大量的时间和精力，船舶在运行过程中产生的数据量庞大且复杂，需要进行有效的数据清洗、整合和标注；模型的训练和调优需要较高的技术水平和经验，不同的算法和模型结构对数据的敏感度和预测性能有所不同，需要进行多次尝试和调整；模型的应用和验证也需要考虑实际情况的复杂性和不确定性，在实际应用中，船舶的运行环境和工况可能会发生变化，导致模型的预测性能下降，需要不断收集新的数据，对模型进行更新和优化。基于数据的模型与其他技术相结合，如物联网、云计算、大数据和人工智能技术等，实现更高效的故障预测和维修管理，为船舶的安全运行提供更加可靠的技术支持。

7. 基于规则的模型

基于规则的模型依赖于预先构建的故障规则库来识别并预测可能发生的故障，核心在于故障规则的准确性和完整性，它们为系统提供了明确的指导，使其能够在检测到特定条件时，迅速推断出故障的原因和类型。故障规则库是基于规则的模型的核心组成部分，它包含了船舶各种可能的故障情况及其对应的诊断规则。这些规则通常基于专家经验、历史数据和设备制造商的建议，通过仔细分析和总结而得出。每个规则都定义了特定的故障条件、故障表现和相应的诊断建议。

在船舶运行过程中，系统会不断监测设备的运行状态和参数。一旦检测到与故障规则库中定义的某个规则相匹配的条件，系统便会触发相应的诊断程序。通过推断技术，系统可以迅速确定故障的类型、位置和可能的原因，从而为维修人员提供及时而准确的故障信息。随着船舶运行时间的增长和技术的进步，新的故障情况可能会出现，而旧的故障规则可能不再适用，故障规则库需要定期更新和维护，以确保其准确性和有效性。这包括添加新的故障规则和条件、修改或删除过时的规则，以及优化诊断算法和程序。规则库的构建需要丰富的专业知识和经验，否则可能会导致规则的不完整或错误，随着船舶系统和设备的复杂性的增加，故障风险也变得更加多样和复杂，这给规则库的构建和维护带来了更大的难度。对于某些复杂的故障风险，可能无法完全依赖规则库进行诊断，需要结合其他方法和技术进行综合分析和判断。为了应对这些挑战，一是加强专业知识的培训和学习，提高规则库构建和维护人员的专业水平和能力；二是充分利用先进的技术和工具，如数据挖掘、机器学习等，来辅助规则库的构建和维护；三是加强与船舶制造商、设备供应商和维修人员的沟通和合作，共同完善和优化故障规则库。

二、模型的选择与评估

（一）选择合适的故障预测模型

选择合适的故障预测模型需要根据船舶的实际情况进行综合评估，通过了解船舶类型和系统复杂性、评估数据量、考虑预测精度要求、评估可用资源以及考虑与其他系统的集成等因素，选择出最适合的故障预测模型来确保船舶的安全运行。了解船舶类型和系统复杂性，不同类型的船舶（如货船、客船、油轮等）和船舶系统（如动力系统、电气系统、控制系统等）具有不同的特性和复杂性，在选择故障预测模型时，需要考虑船舶和系统的特定需求。评估数据量，故障预测模型通常需要大量的历史数据来训练和优化，如果船舶已经积累了大量的运行和维护数据，基于数据的模型（如神经网络模型）可能是一个好选择；如果数据量有限，基于物理的模型或基于规则的模型可能更合适。在选择故障预测模型时，要考虑预测精度因素，要求高精度预测需要选择复杂的模型（如深度学习模型），并投入更多的计算资源；精度要求不太高，那么简单的模型（如时间序列模型）可能就足够了。考虑可用资源，包括可用的计算资源、人力资源和时间，一些复杂的模型可能需要高性能计算机和专业的数据分析师来训练和部署，如果资源有限需要选择更简单的模型或采用更灵活的解决方案。在某些情况下，结合多种模型可能是一个更好的选择，例如可以首先使用基于物理的模型来模拟船舶和系统的物理特性，然后使用基于数据的模型来优化预测结果。这种混合方法可能会提供更高的预测精度和更好的可靠性。无论选择哪种故障预测模型，都需要定期监控其性能并进行必要的更新，随着船舶运行时间的增加和数据的积累，需要对模型进行调整和优化以保持其预测精度和可靠性。在选择故障预测模型时，还需要考虑与其他船舶管理系统的集成，例如，故障预测系统可能需要与船舶的维护管理系统、安全监控系统等进行集成，以实现信息的共享和协同工作。

（二）预测模型的评估方法和评估指标

1.评估方法

使用船舶的历史故障数据进行模型验证，这种方法将模型应用于已知的历史数据，并比较模型的预测结果与实际故障情况，如果模型能够准确地预测历史数据中的故障，那么它可能在未来也有较好的预测性能。将历史数据分为多个子集，并使用其中的一部分作为训练集，另一部分作为测试集，通过多次重复这个过程（例如K折交叉验证），可以评估模型在不同数据集上的性能，并减少过拟合的风险。在船舶实际运行过程中，实时收集数据并用于验证模型，这种方法能够直接反映模型在实际应用中的性能，但可能受到多种因素的影响，如数据质量、船舶运行状态等。

2.评估指标

准确率（Accuracy），是预测正确的故障数量与总故障数量的比例，在故障预测中的故障是稀有事件，准确率可能不是最准确的指标。召回率（Recall）或真阳性率（True Positive Rate，TPR），是正确预测为故障的故障数量与实际故障数量的比例，反映了模型识别真正故障的能力。精确率（Precision），是预测为故障的样本中真正为故障的比例，反映了模型预测的准确性。F1分数（F1 Score），是精确率和召回率的调和平均值，F1分数越高，说明模型在精确率和召回率方面都有较好的表现。平均绝对误差（Mean Absolute Error，MAE），是预测值与实际值之间的平均绝对差异，反映了模型预测值的偏离程度。均方误差（Mean Squared Error，MSE），是预测值与实际值之间差异的平方的平均值，MSE越小，说明模型的预测值与实际值越接近。平均绝对百分比误差（Mean Absolute Percentage Error，MAPE），是预测误差与实际值的平均百分比，MAPE越小，说明模型的预测精度越高。

以上评估方法和指标可以全面了解船舶故障预测模型的性能，并根据实际情况选择合适的模型和参数，注意数据的预处理和特征选择等问题，以确保评估结果的准确性和可靠性。

三、船舶故障预测模型的实现

（一）数据预处理

数据预处理是船舶故障预测模型实现的第一步，其目标是提高数据质量，为模型训练提供可靠的数据基础。从船舶的传感器、监控系统以及历史维修记录等来源收集与故障相关的数据。去除异常值、噪声和无效数据，确保数据的质量和可靠性。对于无效数据，可以使用数据清洗技术如插值、删除或替换来处理。由于船舶设备性能参数众多，参数范围之间具有较大的差距，需要对清洗后的数据进行归一化或标准化操作，以减少参数之间的量纲差距。对于缺失的数据，可以采用插值、删除或基于其他相关数据进行预测的方法来填充。对于噪声数据，可以使用滤波技术或平滑处理来降低噪声的影响。

（二）模型训练

模型训练是船舶故障预测模型实现的核心步骤，其目标是利用预处理后的数据来训练机器学习或深度学习模型，使其能够准确预测船舶的故障。根据数据的特性和问题的复杂性，选择合适的机器学习或深度学习算法。对于船舶故障预测，常用的算法包括逻辑回归、支持向量机、神经网络等。将预处理后的数据集划分为训练集和测试集。训练集用于训练模型，测试集用于评估模型的性能。使用训练集对模型进行训练，调整模型的参数以优化其在训练集上的性能。如果模型在训练集上表现良好但在测试集上表现不佳，可能是过拟合现象，可以通过增加数据量、使用正则化技术或采用集成学习等方法来降低过拟合风险。如果模型在训练集和测试集上表现都不佳，可能是欠拟合现象，可以通过增加模型的复杂度、调整模型参数或使用更复杂的算法来提高模型的性能。

（三）参数调整

参数调整是船舶故障预测模型实现过程中的重要步骤，其目标是找到使模型性能最优的参数组合。根据算法的特点和经验知识，确定每个参数的合理取值范围。在参数范围内进行网格搜索，尝试所有可能的参数组合，并评估每个组合下模型的性能，根据评估结果选择使模型性能最优的参数组合。如果参数范围较大或参数之间相互影响复杂，可能会导致参数选择困难。可以通过使用随机搜索、贝叶斯优化等更高效的搜索策略来加速参数选择过程。如果评估指标选择不当，可能会导致无法准确评估模型的性能。需要根据实际问题和需求选择合适的评估指标，并在多个指标上进行综合评估。

四、案例分析

（一）船舶发动机故障预测模型案例分析

某大型航运企业面临船舶发动机故障频发的问题，这不仅影响了船舶的正常运营，还增加了维修成本和安全隐患。为了解决这一问题，该公司决定引入故障预测模型，对船舶发动机进行实时监控和预测。

从船舶的传感器、监控系统和历史维修记录中收集与发动机相关的数据，包括温度、压力、振动等多个参数，对数据进行清洗和归一化处理，去除异常值和噪声，确保数据质量。根据发动机的工作原理和故障模式，选择与故障相关的特征参数，利用数据降维技术（如主成分分析、自动编码器等）对特征进行提取和压缩，减少冗余信息。选择适合该问题的机器学习算法，如长短期记忆网络（LSTM）或支持向量机（SVM），使用训练机对模型进行训练，通过交叉验证等技术调整模型参数，优化模型性能。将训练好的模型部署到船舶的监控系统中，对发动机进行实时监控，模型根据实时数据预测发动机的故障概率和潜在故障类型。当模型预测到发动机存在故障风险时，向船员发出预警信息，船员根据预警信息采取相应的措施，如调整运行状态、进行预防性维修等。

通过引入故障预测模型，该公司成功提高了发动机故障预测的准确率，降低了误报和漏报的情况。由于能够提前预测和发现故障，该公司能够及时进行预防性维修，避免了因故障导致的停机时间和高昂的维修费用。故障预测模型的引入使得船舶运营更加安全可靠，减少了因发动机故障导致的安全事故风险。

继续优化数据收集和处理流程，提高数据质量和可靠性，可以引入更先进的传感器和监控设备，以获取更准确和全面的数据。随着船舶运营时间的增加和数据的积累，可以定期更新和优化故障预测模型，利用新的数据和算法技术来提高模型的预测能力和准确性。加强对船员的技术培训和支持，确保他们能够正确使用和维护故障预测系统，建立专业的技术团队来提供技术支持和解决方案。将故障预测系统与其他船舶管理系统（如维修管理系统、安全监控系统等）进行集成，实现信息的共享和协同工作，提高整个船舶运营的效率和安全性。

（二）船舶轴承故障预测模型案例分析

随着船舶技术的不断发展，船舶轴承作为关键传动部件，其性能直接影响到船舶的航行安全和运行效率。某远洋运输公司发现其船舶轴承故障频发，导致船舶在航行过程中频繁停靠维修，这不仅影响了航运效率，也增加了额外的运营成本。为了解决这一问题，该公司决定引入轴承故障预测模型。

故障预测模型数据收集，安装专门的传感器在船舶轴承上，实时监测轴承的振动、温度、噪声等参数，收集船舶轴承的历史故障数据，包括故障类型、故障时间、故障发生时的环境参数等。数据预处理，对收集到的数据进行清洗，去除异常值和噪声，对数据进行特征提取，提取出与轴承故障密切相关的特征，如频谱分析、波形特征等。模型选择与训练，选择合适的机器学习算法，如随机森林、支持向量机或深度学习模型，用于训练轴承故障预测模型，使用历史故障数据作为训练集，对模型进行训练，并通过交叉验证等技术调整模型参数，优化模型性能。实时监控与预测，将训练好的模型部署到船舶的监控系统中，对轴承进行实时监控，模型根据实时数据预测轴承的故障概率和潜在故障类型，并生成相应的预警信息。故障预警与处理，当模型预测到轴承存在故障风险时，自动向船员发送预警信息，并提供可能的故障类型和解决方案。船员根据预警信息采取相应的措施，如调整航行计划、进行预防性维修等。

通过实时监控和预测，故障预测模型能够提前发现轴承的潜在故障，避免了因故障导致的突然停机。由于能够提前预测故障并进行预防性维修，该公司降低了因故障导致的紧急维修费用和船舶停运期间的损失。轴承故障的及时预警和处理减少了船舶在航行过程中的风险，提高了航行的安全性。

改进建议，持续优化模型，随着新数据的不断积累和算法技术的进步，应定期对轴承故障预测模型进行更新和优化，提高预测准确性和可靠性。加强传感器维护，确保安装在轴承上的传感器能够正常工作，定期进行检查和维护，以保证数据的准确性和完整性。提高船员响应速度，加强船员对故障预警系统的培训，提高他们的响应速度和应对能力，确保在接收到预警信息后能够迅速采取相应的措施。建立多层次预警体系，除了船舶本身的监控系统外，还可以建立与远程监控中心相连接的预警体系，实现更快速、更准确的故障预警和响应。

第七章 船舶数据的能效管理与优化

船舶能效的监测技术

一、船舶能效管理

（一）能效管理的意义和措施

"船舶能效"的概念通常指的是船舶在航行过程中，单位能耗所完成的运输工作量或航行距离，反映了船舶在运输过程中的能源利用效率，是评价船舶经济性和环保性的重要指标。船舶能效管理，是指在船舶运营过程中，采取一系列措施和方法，以提高船舶的能源利用效率和环境保护效果。从环保的角度看，船舶能效管理是降低船舶碳排放和能源消耗的有效手段。随着全球气候变化和环境问题的不断加剧，减少碳排放和能源消耗已成为各行业的共同责任。海洋运输行业作为全球碳排放和能源消耗的重要来源，采取船舶能效管理措施，对于减少碳排放和能源消耗具有重要意义。从经济的角度看，船舶能效管理可以提高船舶运营的经济效益。通过优化船舶设计、使用节能设备、改进航行操作等措施，可以降低船舶运营成本，提高船舶运输的竞争力和盈利能力。从安全的角度看，船舶能效管理可以改善船舶的安全性能。通过排放控制技术和航行操作改进等措施，可以减少船舶事故的发生，提高船舶运输的安全性和可靠性。

船舶能效管理的具体措施和方法包括：优化船舶设计，采用更加先进的设计理念，提高船舶的能源利用效率和环境保护效果，如采用节能船型、优化船舶动力系统、使用环保材料等。使用节能设备，采用高效、低能耗的设备和系统，提高船舶的能源利用效率，如使用节能灯具、空气源热泵等节能设备，以及废气中的能源回收。改进航行操作，采用更加科学的航行策略和操作方法，降低船舶的能源消耗和碳排放，如优化航线规划、减少不必要的停靠、提高航速控制等。排放控制技术，采用先进的排放控制设备和系统，减少碳排放，如使用洗涤塔、过滤器等设备以及采用碳捕获和储存技术等。总之，船舶能效管理能够迅速推动海洋运输行业的可持续发展。通过优化船舶设计、使用节能设备、改进航行操作和排放控制技术等具体措施和方法，可以降低船舶的能源消耗和碳排放，提高船舶运营的经济效益和安全性能。同时，也可以为海洋运输行业带来更加清洁、可持续的发展模式，为全球海洋环境保护事业作出贡献。

（二）船舶能效监测的重要性

船舶能效监测，作为船舶能效管理的基础环节，旨在通过收集、分析和处理船舶运行过程中的相关数据，来评估和优化船舶的能效性能。这一过程不仅涉及船舶动力系统的运行状态，还包括船舶航行环境、货物装载情况等多方面的因素。船舶能效监测通过实时监测船舶的能耗数据，可以准确计算出船舶的燃油消耗率和运营成本，有助于航运企业根据市场情况和运输需求，合理安排船舶的航行计划，降低不必要的能耗和费用，从而提高船舶的经济效益。船舶作为水上交通工具，其排放对海洋环境和水域生态有着重要影响，通过监测船舶的能效数据，可以及时发现并纠正燃油消耗过高、排放超标等问题，促使航运企业采取环保措施，减少污染物的排放，保护海洋环境。船舶能效监测不仅关注燃油消耗和排放问题，还涉及船舶动力系统的运行状态。通过实时监测船舶主机的运行状态和性能参数，可以及时发现潜在的安全隐患，如机械故障、润滑不良等，从而采取相应的措施进行维修和保养，确保船舶的安全航行。随着船舶能效监测技术的不断发展，新的监测方法和手段不断涌现，这些新技术不仅提高了能效监测的准确性和效率，还为航运企业提供了更多的优化方案和改进建议。通过应用这些新技术，航运企业可以不断提高船舶的能效水平，推动航运业的可持续发展。

（三）船舶能效监测的作用和优势

船舶能效监测通过实时监测和评估船舶的能效状况，航运企业能够及时发现并解决能效问题，优化船舶的运行和管理。能效监测的精确性和全面性有助于航运企业制定更加科学合理的能效提高策略，提高船舶的能效水平。通过实时监测船舶的能效数据，及时发现船舶能效的异常情况，如油耗异常、排放超标等，采取相应的措施进行调整和优化，可以降低船舶的运营成本，提高经济效益。能效监测还能够为航运企业提供有关船舶能效的数据支持，为企业的决策提供有利依据，有助于减少船舶对环境的污染，这些作用使得船舶能效监测成为航运业实现绿色、可持续发展的重要工具。为了实现船舶能效的监测，需要借助一系列的技术手段和设备，如传感器、数据采集系统、数据传输网络等，这些技术手段和设备构成了船舶能效监测系统的核心部分，有助于获取、处理和分析船舶能效数据的能力。

二、能效监测的关键技术

（一）常用的船舶能效监测技术

1. 智能传感器技术

可以实时监测船舶的多个参数，如油耗、航速、航行距离、发动机负荷等，这些数据是评估船舶能效的关键指标。通过将这些数据集成到能效管理系统中，可以实时分析船舶的能效状况。智能传感器的原理是通过内部的传感器组件感知环境中的物理量，如油耗、航速、航行距离、发动机负荷等。这些传感器组件可以是各种类型，如光电传感器、压力传感器、温度传感器等。一旦环境信息被感知到，智能传感器会进行数据处理，将感知到的原始数据转换为可用的数字信号。智能传感器在船舶能效监测中起着关键作用，可以用于实时监测船舶的多个参数，为能效评估和优化提供数据支持。同时，它们也可以用于船舶的自动化控制系统，如自动调节发动机负荷、优化航行策略等。

2. 数据分析与挖掘技术

该技术通过收集和分析船舶运行中的大量数据，发现能效问题，并提供优化建议，例如，可以分析船舶在不同航行条件下的油耗和排放情况，找出最佳航行策略。数据分析与挖掘技术的原理是通过收集和分析大量的船舶运行数据，利用统计学、机器学习等方法发现数据中的模式、关联性和规律。这些分析结果可以用于预测未来趋势、发现能效问题，并提供优化建议。数据分析与挖掘技术在船舶能效管理中有着广泛的应用。例如，它可以用于分析船舶在不同航行条件下的油耗和排放情况，找出最佳航行策略；还可以用于预测船舶的能效趋势，为船舶的维护和升级提供决策支持。

3. 远程监控技术

通过远程监控技术，航运企业可以实时获取船舶的能效数据，并进行远程管理和控制，有助于及时发现并解决能效问题，提高船舶的能效水平。远程监控技术的原理是通过互联网或专用网络，实现对船舶的远程访问和控制。用户可以通过远程监控平台实时获取船舶的能效数据、航行状态等信息，并进行远程操作和管理。远程监控技术在船舶能效管理中发挥着重要作用。它可以帮助航运企业实现对船舶的实时监控和管理，及时发现并解决能效问题。同时，远程监控技术也可以用于船舶的故障诊断和预测性维护，提高船舶的可靠性和运行效率。

4. 能效管理系统

能效管理系统是一个集成了多种监测技术的平台，可以对船舶的能效进行全面管理和优化，该系统可以实时监测船舶的多个参数，如油耗、排放、航行状态等，并提供能效评估和优化建议。能效管理系统的原理是一个集成了多种监测技术的平台，用于对船舶的能效进行全面管理和优化。该系统通过收集船舶的能耗数据、航行数据等信息，对船舶的能效进行评估和分析，并提供优化建议。能效管理系统在船舶能效管理中用于实时监测船舶的能耗情况、评估船舶的能效水平，并为船舶的节能改造和优化提供决策支持，与船舶的自动化控制系统相结合，实现更加智能化的能效管理。

5. 船舶能效指数（EEOI）计算技术

EEOI是衡量船舶能效的重要指标，通过计算船舶单位运输量所消耗的能源量来评估船舶的能效水平，通过该技术，航运企业可以实时监测和评估船舶的EEOI，了解船舶的能效状况。

这些技术通常被综合应用于船舶能效监测系统中，以实现对船舶能效的全面监测和管理。通过这些技术的应用，航运企业可以更加准确地了解船舶的能效状况，及时发现并解决能效问题，提高船舶的能效水平，降低运营成本，并减少对环境的影响。

（二）常用的能效分析方法

1. 数据采集与处理技术

该技术通过智能传感器和其他数据采集设备，实时获取船舶的能耗、航速、航行距离、发动机负荷等关键参数，利用数据处理算法对采集到的数据进行清洗、转换和存储，确保数据的准确性和可用性。数据采集与处理技术为船舶能效监测系统提供了基础数据支持，使系统能够全面、准确地了解船舶的能耗和运行状态。

2. 能效评估与分析技术

该技术基于船舶的能耗数据和航行数据，运用能效评估模型和分析算法，对船舶的能效水平进行评估和分析。通过比较实际能耗与理论能耗，找出能效短板，为能效优化提供决策支持。能效评估与分析技术可以帮助航运企业识别船舶能效问题，制定针对性的能效提高策略，降低运营成本，提高竞争力。

3. 远程监控与通信技术

该技术通过卫星通信、互联网等远程通信手段，实现对船舶的远程监控和控制。通过远程监控平台，用户可以实时获取船舶的能效数据、航行状态等信息，并进行远程操作和管理。远程监控与通信技术使得航运企业能够实时监控船舶的能效状况，及时发现并解决能效问题。同时，该技术也可以用于船舶的故障诊断和预测性维护，提高船舶的可靠性和运行效率。

4. 智能优化与控制技术

该技术基于船舶的能效数据和航行数据，运用智能优化算法和控制策略，对船舶的航行计划、发动机负荷、船体姿态等进行优化和控制。通过智能优化技术，可以降低船舶的能耗和排放，提高能效水平。智能优化与控制技术可以应用于船舶的能效管理系统、航行控制系统等多个方面，帮助航运企业实现船舶的智能化、绿色化运行。

5. 系统集成与协同技术

该技术将船舶能效监测系统的各个模块和组件进行集成和协同，形成一个统一、高效的能效管理平台。通过系统集成技术，可以实现数据的共享和交换，提高系统的整体性能和可靠性。系统集成与协同技术可以使得船舶能效监测系统更加完善、功能更加全面。同时，该技术也可以促进船舶能效管理系统与其他船舶管理系统的协同工作，提高船舶的整体管理水平。

三、船舶能效监测系统的实现

船舶能效监测系统包含对船舶航行状态、耗能状况的在线监测与数据的自动采集；对船舶能效状况、航行及装载状态等进行评估，并通过大数据分析、数值分析及优化技术，为船舶提供数据评估分析结果和辅助决策建议；实现船舶能效实时监控、智能评估及优化；系统应能自动计算能效及排放指标，船舶能效营运指数（EEOI）、单位距离燃料消耗、单位运输燃料消耗、单位距离CO_2排放、单位运输量CO_2排放。船舶能效监测管理系统利用大数据处理、数值分析及仿真优化、基于层次分析、数据挖掘、智能优化等关键技术，对船舶的航行状态、设备运行数据、能耗排放数据的智能感知、自动采集和在线监测，实现对航行行为及船舶耗能设备监控，对船舶能效和能耗指标进行评估和报警，支持辅助决策等功能，满足对船舶能效更高层次的管理需求，实现企业绿色船舶及节能减排目标。船舶能效监测系统的实现涉及一系列的技术和步骤，以确保系统能够有效地监测和管理船舶的能效。

（一）系统设计条件

1. 设计原理

基于船舶数据驱动采用云计算，其中基础设施依托互联网基础网络环境，船舶能效监测包括岸基端、船舶端、数据采集终端、数据传输四个子系统，各系统既相互独立，又相互统一，共同完成船舶日常能效监测。岸基端具备多船综合管理能力，监测所属船舶的工作状况和油耗情况；船舶端具备包括单船的油耗情况监测功能；数据采集终端提供船舶智能设备实时数据采集，并将数据存储到船端服务器；船岸数据交换是船舶和公司数据共享的桥梁，通过移动存储器或电子邮件等方式进行数据交换。

2. 系统服务架构

服务层采用微服务架构进行设计开发，依据平台的业务服务需求和微服务标准，对服务进行细粒度拆分。通用业务微服务分类包括状态监测、故障诊断、故障预测、设备管理、用户服务、认证服务、预警服务、邮件服务、消息服务以及工作流引擎和报表引擎等类别。通过微服务技术实现应用快速迭代、快速部署。有效降低系统复杂程度，保证整体系统开放、可靠、可复用、可扩展和快速开发。

3. 系统数据流程

数据层包含组织和数据管理资源的逻辑与物理数据资产，显示了如何管理和共享船舶能效信息资源，用以决策支持，最大限度地发挥数据的价值。

数据模型遵循系统数据标准，数据组织分为数据采集管理平面（OLTP）与大数据分析平面（OLAP），数据采集管理平面部署在船端，实时采集重要工控系统的数据以及船舶运行的环境、能耗及其他动态数据，大数据分析平面部署在岸基，通过多维数据融合分析处理，结合各类机理模型，采用人工智能技术为船舶航行提供智能化的决策支持。数据层为业务分析应用提供可靠的数据源、构建应用系统协同、为处理和辅助决策提供支撑。

船舶设备数据采集，自动采集船舶主要耗能设备及航行设备数据，包括发电机组、推进系统运行参数，流量计、计程仪、全球卫星定位系统、风速风向仪、测深仪（具体采集设备视船舶设计配置情况调整）等设备。数据格式及输出，接口通过互联网集成数据平台数据接口获取智能能效系统使用的全部岸基数据。船岸同步船岸数据同步集成数据平台统一完成，当能效系统需要进行船岸同步时，由能效系统发起调用数据平台接口，向岸基发送数据请求。在船岸同步完成前，数据平台调用能效接口将能效所需数据写入能效系统中。

4. 系统网络环境

网络环境包括船端工控网络、船载局域网络以及船岸通信网络。船端工控网络沿袭传统工控控制系统，以工业控制和计算机网络技术为基础，硬件采用基于单片机的数据采集模块，PLC（可编程控制器），带固态硬盘双网口的工业计算机。是一个全自动化、高水平的监测控制系统，能实现对主系统和分系统进行监测、报警和控制。船舶自动化系统网络独立封闭，且船舶设备工况数据仅用于船舶操控平台展示和控制使用，外部网络不能读取其数据。船载局域网是船舶内部局域网，包括主机、多媒体电脑、打印机和若干终端。所有房间接入网线。船舶工控网络、船舶局域网是相互独立的两套网络，彼此之间物理隔绝。船舶局域网通过VSAT卫星网络或者4G/5G网络（近海）与岸基内网实现通信。

采用VSAT卫星专网来建立船舶到岸基的网络信息通道，实现系统接入企业内网，达到船岸数据双向交互及通信的目的。通过VSAT卫星专用网络可实现船岸通信、视频监控、生产运营、安全管理等多种数据的传输。在保证工控网络安全的前提下，实现船舶现场的工控网络与油服办公网络的互联互通，实现生产数据与管理系统的互联互通。

（二）系统设计功能

船舶能效监测系统可对船舶的发电机组、推进系统等主要耗能设备以及流量设备、全球卫星定位系统、风速风向仪、计程仪、吃水遥测、测深仪等航行设备运行参数数据进行自动采集、监测，并与岸基系统进行数据定时同步。通过对船舶航行状态、设备运行数据、能耗排放数据的智能感知、自动采集和在线监测，基于层次分析、数据挖掘、智能优化等关键技术，利用大数据处理、数值分析及仿真优化等关键技术，基于船舶历史数据建立分析模型和分析流程，实现对航行行为及船舶耗能设备监控、排放控制区（ECA）预警、能源管理和能效分析评估、辅助决策等功能，构建面向船舶航行能效最佳的综合智能方案，满足相关方对船舶能效更高层次的管理需求。船舶能效管理系统主要包括船舶能效监测、能效评估、能效优化、能效管理决策等功能。

（三）系统各功能模块设计

系统分为船端和岸基端，船端通过实时接口获取船端数据，实时分析能效决策。岸基端根据管理需求，数据融合实现岸基管理的能效分析管理需求。

1. 能效监测

通过对船上主要能耗设备的监控和监测，记录船舶在各种工况时的实时能耗数量，阶段能耗数量，每天能耗，月、年能耗数量。实现船岸端实施同步监测主机、（辅机）、锅炉单独燃料消耗及燃料消耗异常警报监测的终端推送和提醒（PC端和移动终端）。船舶燃料加注分析、船岸端实时监测燃料加注类型、总量和加注警报设置；船舶数字化燃油R.O.B（Remaining On Board-剩余燃料报告）自动生成和发送；客户化定制电子轮机日志并自定义时段邮件发送；船岸端实时同步监测机器性能和警报；监测数据在线分析和历史数据查询；船岸控制箱开箱警报和机器警报终端推送提醒；与AIS系统兼容。采集船舶静态数据和动态数据，使用质量流量计实现在线监控船舶发电机耗油量，通过网络接口收集推进器、计程仪、GPS、风速风向仪、测深仪、吃水遥测、配电板等设备运行参数的数据，为计算能效指标、辅助研判提供数据支撑。对船舶总体能源消耗监测，监测主要耗能设备状态信息，主要如下：电力监测，柴油发电机组热力参数、燃油消耗、功率等数据。推进监测，推进变频器、推进电机等设备的电压、电流，电机转速等数据。航行监测，船舶导航设备的船位、航速、航向、水深、气象、吃水等数据。

2. 设备状态分析

设备能效参数，分类别显示各项关键指标的具体参数数据，主要展示发电机组能效状态、推进能效状态来体现设备能效状态。设备参数总览为用户提供当前的能效参数信息，包括燃油总体消耗信息表，船舶燃油效率显示信息表，海里油耗显示信息表，船舶总功率显示信息表。发电机组总体状态，发电机组总体状态的主要功能是展示发电机组热力参数、发电机组概览、发电机组能效参数，发电机组燃油消耗信息。推进系统总体状态推进系统主要展示推进电机等设备的能效参数，推进功率、电压、电流等。

3. 能效分析实时评估

主要耗能设备，对能效数据各项指标进行统计分析，利用船舶能耗的实时数据，根据设定的能耗评估方法分析判断能耗状况，监控航行状态下能效分布的实时数据，并通过算法计算得到船舶动态能量消耗分布比例以及能量利用效率。能效总览船舶能效数据总览主要展示能效及排放指标信息，以曲线和航线地图形式进行展示；耗能设备历史状态数据分析耗能设备评估根据船舶设备运行的实际情况，分析船舶工况状态，依据设定的能耗评估方法和基准进行比较分析，自动判断能耗状况；参数曲线分析，参数曲线分别显示各个系统的详细参数，主要有船舶总体状态、发电机组等。

4. 能效优化

分析船舶各工况的能耗：按单船、姐妹船、同类型同功率船、作业公司、事业部为单位智能统计分析各工况时的能效。包括的船舶工况：经济航行、全速航行、守护巡航、靠泊平台、拖航作业、起抛锚作业、提油作业（包括传送输油管、系泊缆和拖尾作业）、码头靠泊（包括自发电和接岸电）、海上锚泊（包括自抛锚和系水鼓）、自定义作业模式。对于船舶总体航行过程中的能源消耗进行监测并进行评估消耗是否合理，监测重要耗能设备状态信息，对于能效参数统一地分析功能。根据航线计划、动力系统状态、外部环境及运行状态，结合船舶航行的整体状态，分析各设备运行数据、能量消耗数据、航速数据、吃水数据、风速风向数据、浪涌数据等。船舶总体状态主要功能是关键指标参数展示、船舶状态信息展示、船舶参数信息展示，航行参数信息展示、航行信息统计、能效数据展示；气象服务工具在航船舶可以通过该功能接收岸基推送海洋气象信息和气象预警，使用该功能可以选择每隔6小时或者12小时间隔更新当前航线上气象信息和未来四天全航程海区的气象预报信息（包括风、浪、涌气象信息并在地图上进行可视化显示），有助于船舶更准确地调节航速，提高船舶能效。

5. 能效辅助管理

基于能效历史数据统计分析、能效相关的报表、排放控制区预警等，为船岸提供能效管理决策支持。ECA监测，在距离排放控制区外一定范围内，对剩余海里、剩余时间发出预警；输出报告，系统按照法规要求，提供基于能效测量数据的满足MRV的数据计算和分析报告；能效报告，提供能效报告，系统按照客户定义形式，生成年度或航次的航行能效报告；可查询燃料小时消耗量、燃料日消耗量、燃料航次消耗量汇总等。

船舶数据驱动的能效优化方法

一、船舶数据驱动的能效优化趋势

在航运业快速发展的同时，也面临着能源消耗与温室气体排放等问题和挑战。国际海事组织（International Maritime Organization，IMO）提出了一系列船舶能效规则及温室气体减排措施，以促进船舶节能减排和绿色航运的发展。随着日益严格的环保要求及相关政策的出台和生效，如何实现营运船舶节能减排的目标，成为航运业亟须解决的既现实又重大的课题。船舶能效管理技术的研究与应用对我国履行国际减排公约及促进船舶的绿色化发展具有重要意义。传统的能效优化方式难以满足船舶智能化发展的需要。通过收集船舶数据，采用大数据及人工智能技术，可以更快地整合、处理与分析数据，做出更优的管理决策，从而实现船舶能耗的降低与效率的提高，对促进船舶绿色、低碳、高效、智能化的发展具有重要意义。基于船舶数据的大数据与人工智能技术应用于船舶能效智能优化问题，总结分析船舶能效智能优化技术的发展现状与挑战，并展望未来的发展方向，旨在为船舶能效智能优化技术的研究与应用提供参考。

船舶能效不仅与船舶状态参数有关，而且与通航环境、航行姿态、动力系统运行特性等因素有关，其是多要素、多参数综合作用的结果。传统的方法难以综合考虑各要素对船舶能效的复杂影响，从而难以建立精确的、自适应的船舶能效优化管理模型。基于船舶数据的大数据及人工智能技术促进了船舶能效管理的智能化发展。通过收集船舶数据，采用大数据技术与分析方法，可以实现全船用能的监测与分析、通航环境与船舶航行状态的智能识别与能效评估、分析船舶能效影响要素及其动态响应关系，从而揭示诸要素对船舶能效的影响规律。此外，通过收集船舶数据，采用人工智能技术的研究与应用，可以实现基于自学习的船舶能效智能预测及模型自修正，从而提高船舶能效模型的准确性与适应性；在此基础上，通过采用智能优化决策算法，实现船舶航速、航线及最佳纵倾的智能优化决策，从而提高船舶能效水平。

二、基于船舶数据驱动的能效优化系统构建

（一）能效智能监测分析

1. 能效智能监测分析

基于船舶数据的全船用能监测以能耗实时监测为目标，通过信息感知技术获取船舶各系统设备的能耗与排放数据；基于数据分析及智能算法对监测数据进行挖掘分析，可判断能效低下的设备，并进行能效水平低下的致因分析，进而实现人工难以判断的智能分析与优化决策。PERERA等通过设计基于智能物联网和互联网融合技术的船舶能效大数据监控平台，采用主成分分析等大数据机器学习算法，实现了全船用能分析和船舶能效数据的融合与分析。船舶能耗分析系统可实现全船用能监测分析，探索能量利用的薄弱环节，为建立先进的船舶能效优化管理方法提供思路。虽然国内外对船舶能效在线监控与分析开展了相应的研究，可实现船舶能效大数据的获取和分析处理，并为船舶能效优化辅助决策提供参考，但船舶能效监控与分析的智能化水平还需进一步提高，在能效数据分析算法以及基于大数据的智能算法的多样性、实时性和准确性方面还有待深入研究。

2. 通航环境智能分析

识别风、浪、流等通航环境要素的复杂多变性直接影响船舶推进系统的工作状态，进而导致主机功率和燃油消耗率的变化。基于大数据的通航环境分析可以挖掘其时空分布特征，可为船舶能效与通航环境的动态关系分析奠定基础。船舶通航环境智能识别的核心是通航环境类别知识库的建立，以及

基于智能算法的通航环境识别。通过采用大数据分析算法，可实现通航环境的有效识别，从而为基于航段划分的船舶航速智能优化方法的研究奠定基础。

3. 船舶能效智能评估

不同航行状态下船舶能耗设备的运行状况和能效水平具有较大差异。为建立合理能效评价基准，需开展船舶航行状态的智能识别。通过大数据训练的神经网络模型，可实现航行状态的准确识别。在此基础上，可针对不同航行状态对船舶能效进行评估和等级划分，如优、良、中、差等，从而建立不同状态下的评估基准，便于能效的横向与纵向对比分析。

4. 基于大数据的船舶能效影响因素关联分析

船舶能效及其影响因素相关性分析。船舶能效是多参数综合作用的结果，因此，有必要分析船舶能效及其影响因素的相关性。内河船舶主机营运能效模型，通过不同航行条件下的仿真试验，分析了通航环境要素对船舶能效的影响，结果表明：航行环境对船舶能效水平具有较大影响。采用相关性分析方法获得了包括海况在内的各参数间的相关性，建立了船舶能效及其影响因素相关系数矩阵，其中相关系数代表每两个参数之间的互相变化影响的程度，通过对矩阵横向和纵向比较，可得到油耗与海况等影响参数之间的影响关系和作用规律。

船舶能效及其影响因素敏感性分析，敏感性分析是研究输入参数的变动对模型输出值的影响程度，通过敏感性分析方法可以分析船舶能效各影响因素对船舶能效的影响程度。影响船舶能效的多参数敏感性分析方法，基于实船数据，通过建立BP（Back Propagation，BP）神经网络能效预测模型，并采用Garson算法获得了各参数对应的敏感性系数，结果表明：此方法可获得各参数对应的敏感性系数及其敏感程度，可为考虑多因素的船舶能效建模与优化奠定基础。基于大数据的通航环境与船舶能效关联关系分析研究可为能效优化管理决策奠定基础，同时对完善船舶能效智能优化研究具有重要作用。但船舶能效大数据分析理论与方法尚不成熟，尚未建立船舶能效大数据分析方法体系；另外，航行环境和船舶各系统参数综合影响着船舶能效水平，目前的大数据分析方法尚未全面挖掘出船舶能效及其影响因素之间的复杂耦合关系。如何采用大数据技术量化船舶能效多维度变量信息的复杂关联关系，还有待进一步深入研究。

（二）船舶能效优化关键技术

1. 基于机器学习的船舶能效智能预测

船舶能效模型是船舶能效优化的重要基础，目前，船舶能效模型主要有黑箱模型、白箱模型和灰箱模型3种形式。主要应用神经网络和决策树等智能算法实现船舶能效的智能预测。在船舶航行过程中，由于通航环境等因素的复杂多变性，难以保证船舶能耗模型在不同航行条件下的准确性。因此，黑箱模型需要根据大量的实船运行数据，进行不断地学习且应遍及所有的运行状况，并实时训练优化模型结构和参数，从而提高模型的自适应性和泛化能力。对于白箱模型而言，需要根据船舶的航行条件和运行状态，采用自学习算法进行船舶能效模型参数的在线辨识与优化，提高模型的准确性和适应性。此外，主机油耗灰箱模型，可以综合黑箱模型和白箱模型的特点和优势，进而提高船舶能效模型的性能。虽然国内外对船舶能效模型进行了大量的研究，但仍需要解决复杂航行条件作用下船舶能耗模型的精确性问题。对于通航环境的复杂性和不确定性，需要采用先进的自学习技术，以实现不同条件下的船舶能效模型参数的在线优化与修正，从而满足不同条件下模型精确度的要求，提高模型的自适应性和有效性。

2. 基于智能算法的船舶航线优化

在船舶营运的过程中，不同航线上的航行环境差异较大，会对船舶的能耗水平产生一定的影响。因此，航线优化可有效降低船舶能耗及污染气体排放。通过采用智能算法可以实现船舶航线的智能优化决策，从而提高船舶的能效水平。国内外基于智能算法的船舶航线优化研究包括：遗传算法，采用多目标遗传算法实现了船舶的优化航线；粒子群优化算法，采用粒子群优化算法实现了远洋船舶的航线优化，提高了船舶的能效；蚁群算法，基于大数据分析技术，通过采用蚁群算法实现了船舶航线的自动规划；动态规划算法，提出了一种新的面向航线优化的动态规划算法，可以降低约3%的船舶油耗。目前应用的智能算法主要有遗传算法、粒子群优化算法等，通过这些算法可以实现不同船型、不同应用场景下的船舶航线智能优化决策。

3. 关于智能算法的船舶航速优化

航速对船舶的能耗、排放以及经济性都有较大影响，因此，船舶航速优化对提高船舶能效水平具有重要意义。航速优化的关键是如何综合考虑航行环境等复杂因素的影响，实现船舶最佳航速的优化决策，基于智能算法的船舶航速优化研究情况：遗传算法，遗传算法实现了考虑洋流影响的油轮航速智能优化；粒子群优化算法，基于粒子群优化算法的船舶能效与运行安全性多目标优化方法，可在保证安全性的条件下提高能效水平，大数据分析与粒子群算法实现了内河船舶能效的智能优化；神经网络，神经网络及遗传算法开展船舶柴油机性能优化研究；模拟退火算法，基于模拟退火算法的船舶航速分段智能优化算法。实现了不同航段船舶最佳航速与主机转速的智能决策；动态规划算法，动态规划算法实现了考虑多影响因素的船舶航行多目标优化决策。考虑气象条件的船舶航速优化是一个高度非线性的优化问题，可采用遗传算法、粒子群优化算法等群智能算法来解决此非线性优化问题，获得复杂条件下船舶航速的最优解，从而实现船舶航速的智能优化决策，对提高船舶绿色化与智能化水平具有重要意义。

4. 基于智能算法的船舶航速航线联合优化

相对于单一的优化方法，多种方法的联合协同优化可以进一步挖掘船舶能效优化潜力。采用基于滚动时域启发式算法，实现了航速与航线的联合优化；采用Dijkstra算法提出了一种基于海域小网格划分的航速航线优化方法，可以有效降低排放控制区内的总成本和排放水平。综合考虑多因素的影响可以进一步提高航速航线联合优化方法的有效性。采用非支配排序遗传算法-Ⅱ（NSGA-Ⅱ）实现了考虑多环境要素的船舶航线航速的联合优化；一种基于三维动态规划的船舶航行优化方法，实现了船舶航速及航线的优化决策；另一种新的船舶航速航线联合优化方法，通过采用粒子群优化算法实现了基于实时气象信息的船舶航速航线联合优化，相对于单一的船舶能效优化方法，可以进一步提高船舶的能效水平。

5. 基于船舶数据的能效智能优化算法及其应用

基于船舶数据的能效智能优化算法及其应用中，遗传算法、粒子群优化算法、蚁群算法、模拟退火算法为基于迭代的优化算法，其通过执行迭代运算，利用前一个解推算出下一个解，在满足迭代结束条件时输出迭代优化结果，此类算法能够解决船舶能效非线性优化模型的求解问题。然而，不同智能优化算法的运行效率和求解效果具有一定的差异，目前尚缺少相关智能算法对不同能效优化问题的适应性分析。此外，神经网络、决策树和随机森林等为基于数据训练学习的智能预测算法。其中，神经网络适合处理高度非线性的船舶能效预测问题。而随机森林算法难以预测超出训练数据范围的数据，在预测多种航行环境下的船舶能效时需要遍历各运行工况的数据，并且训练数据噪声过大时会产生过拟合现象。受训练数据之间复杂关联关系的影响，预测模型的精度与预期仍具有一定的差异。此外，不同算法的预测精度、运行性能等有待进一步深入分析，从而形成针对不同预测问题最佳预测算法的选择方法。尽管国内外已开展了基于智能算法的船舶能效智能优化方法研究，但不确定的航行环境及高度非线性的外部环境与船舶各系统参数综合影响能效模型的精度，尚未形成能够适应复杂多变航行环境，并形成集成数据分析、模型自学习与动态智能决策算法于一体的船舶能效智能优化方法体系。

（三）船舶能效智能优化技术应用

能效控制技术旨在能效指标分析的基础上，通过船舶数据收集，采用航线优化、航速优化、纵倾优化等技术实现提高能源利用效率、降低排放的目标。国内外已开展了船舶能效管理系统的研发及应用研究，主要运用的算法及应用包括：运用智能优化算法，应用于神经网络、船舶能耗预测航速优化；运用决策树算法，应用于船舶能耗预测；运用随机森林算法，应用于船舶能耗预测、航速优化；运用遗传算法，应用于船舶能耗预测、航线优化、航速优化、航线及航速联合优化；运用粒子群优化算法，应用于航线优化、船舶多目标优化、船舶能效优化、航速及航线联合优化；运用蚁群算法，应用于航线优化；运用动态规划算法，应用于航线优化、航速优化、船舶多目标优化；运用模拟退火算法，应用于航速分段优化、船舶航速与主机转速决策。

国内外对远洋船舶能效控制技术应用研发情况如下：Marorka公司的船舶能效监控系统，功能是航速优化、装载优化、航线优化等应用于散货船、集装箱船等；JeppesenMarine公司的航行与船舶优化系统，系统主要功能是系统监测优化、航速优化、航线优化，应用于集装箱船等；ABB公司的船舶能效综合监控系统，系统功能是航速优化，应用于集装箱船、滚装船；NAPA公司的船舶能效管理模块，系统功能是航速优化、装载优化、航线优化等应用于散货船、矿砂船；Kyma公司的船舶性能监控系统，功能是系统监测优化、装载优化、船队优化，应用于集装箱船、散货船；德国劳氏船级社的ECO-Assistant软件系统，系统功能是装载优化，应用于散货船、集装箱船；Rolls-Royce公司的能源管理系统，系统功能是动力系统监测优化、航速优化、最佳纵倾优化，应用于集装箱船、散货船；SeaTechnik公司的船舶能效监控系统，系统功能是船舶性能的实时监测与优化，应用于散货船、集装箱船；中国船级社的船舶能效智能管理系统，系统功能是航速优化、装载优化、船队优化等，应用于散货船、集装箱船；上海船舶研究设计院的数字化营运支持系统，系统功能是动力系统监测、最佳纵倾优化、航速优化，应用于散货船。

其中，NAPA公司研发的船舶能效管理系统通过数据采集系统收集性能数据，实现船舶能效的监控，该系统还可根据采集的风、浪、流等参数，采用智能优化算法实现船舶的航速及航线优化；ABB公司研发的船舶能效综合监控系统通过采用大数据和人工智能技术，能够实现船舶的能效监测分析、预测和优化；Rolls-Royce公司开发的船舶能效管理系统通过采用大数据技术对全船用能进行监控，实现了用能路径的可视化，并通过智能算法实现了船舶航速和纵倾等方面的优化决策，从而可有效地减少燃料消耗。

虽然相应的船舶能效管理系统能够实现船舶性能监控和能效优化功能，但在大数据技术方面，尚未建立船舶能效及其影响因素之间的关联关系。并且，系统的在线实时监控优化有待进一步提高，船端与岸基设备的物联网化与集成化程度有待进一步提高。在人工智能技术方面，尚未形成能够适应复杂航行条件的集数据分析、模型自学习、智能决策于一体的船舶能效智能管理系统，无法实现不同航行条件、不同运行场景下的船舶能效优化的自适应分析与自主决策。

（四）存在的问题

基于船舶数据的大数据及人工智能技术的应用能够实现船舶能效在线监控和船舶航行智能优化决策与控制，从而有效提高船舶能效水平。虽然，国内外对船舶能效智能优化关键技术开展了大量研究，但仍存在如下问题和挑战。在大数据分析与应用方面，目前船舶能效大数据技术定义尚不明确，缺乏能效大数据分析标准体系，包括数据种类、分析方法、共享机制等尚处于初步阶段。另外，大多数研究考虑的能效影响因素不够全面，考虑多因素耦合作用的船舶能效动态分析方法研究有待进一步加强。此外，尚未实现多源异构数据特征规律的深度挖掘分析，在基于实时数据的船舶能效评估与预测等功能方面有待进一步提高和完善。在人工智能技术应用方面，多变航行环境条件下，船舶系统各要素之间以及与外部环境之间以高度非线性方式相互作用，现有研究尚未采用有效的人工智能方法实现船舶能效模型实时在线学习与动态自修正，能效模型与优化算法的准确性以及其对复杂多变航行环境的自适应性有待进一步提高。此外，船舶航速、航线及最佳纵倾等船舶能效优化的高效协同性有待进一步提高。尚未形成集数据分析、模型自学习与动态智能决策于一体的能效智能优化方法体系。在船舶能效智能优化技术应用方面，目前所研发的船舶智能能效系统虽然可以实现船舶航速航线等优化功能，但船基与岸基之间的网联化与集成化程度较低。此外，船舶智能能效系统应具备自决策、自学习、自更新等功能，然而，相关系统尚无法实现不同航行条件不同运行场景下的船舶能效优化的自主决策，能效管理系统的能效优化效果与智能化水平有待进一步提高。

（五）解决措施

针对船舶能效管理所存在的问题，对船舶智能能效关键技术研究与应用展望如下：首先，应加强大数据技术在船舶智能能效应用的深度，研究多源异构大数据特征的全方位、多维度的深入挖掘分析方法。以大数据为基础、预测技术为核心，构建船岸一体的智能信息服务体系，实现基于大数据的船舶能效智能分析与优化管理。其次，开展基于人工智能的船舶能效模型参数的自学习与自优化研究，以提高船舶能效模型对复杂多变航行条件的适应性和有效性。研究高效智能协同优化算法，实现船舶航速、航线、最佳装载等能效智能协同优化，充分挖掘船舶能效提高的潜力。在此基础上，开展多因素协同调控的船队能效智能优化决策方法，从而系统性地提高船队的整体能效水平。最后，开发集成船载能效监控系统、船舶能效数据可视化平台与岸基船舶能效分析平台的船舶能效综合智能优化管理系统，实现船端与岸基的信息实时动态交互，以及集船舶能效自主感知、大数据分析、模型自学习、智能决策于一体的船舶能效智能优化决策与控制功能，打造具有感知能力、决策能力、学习适应能力，以及自主决策协同控制能力的新一代能效智能管理系统，实现船舶能效决策与控制的一体化，从而促进船舶的绿色化与智能化发展，服务"碳达峰""碳中和"等国家重大战略决策。

第八章 船舶智能数据应用案例研究

船舶智能数据应用的成功案例

一、基于智能数据的海上船舶智能机舱应用案例

（一）船舶智能机舱的概念

船舶智能机舱是指通过集成先进的传感器技术、监控系统、数据处理技术和智能算法，实现对船舶动力装置、推进系统、电力系统等关键设备的实时监测、控制和优化。它利用各种传感器收集设备运行数据，通过监控系统和数据处理技术进行数据分析和处理，运用智能算法进行决策和控制，从而提高设备的可靠性和安全性，降低运营成本，优化运行效率。

传感器技术是实现船舶智能机舱的关键。通过部署各种传感器，实现对船舶各系统的实时监测和数据采集。监控系统是船舶智能机舱的核心，通过监控系统，可以实现对船舶各系统的实时监控和数据分析。智能算法通过运用各种智能算法，如神经网络、模糊控制等，实现对船舶各系统的优化和控制。数据处理技术通过运用各种数据处理技术，如数据挖掘、模式识别等，实现对船舶各系统的故障预测和预警。

优化运行效率，通过实时监控和数据分析，智能机舱可以预测设备的运行状态，提前发现潜在问题，从而优化设备的运行效率。提高安全性，智能机舱可以对船舶各系统进行实时监测和预警，及时发现潜在的安全隐患，提高船舶的安全性。降低运营成本，通过优化设备的运行效率和降低设备的故障率，智能机舱可以帮助船东降低运营成本。提高决策效率，通过实时监测和数据分析，智能机舱可以为船东提供准确的决策支持，提高决策效率。中

157

国船级社（CCS）于2023年3月颁布《智能船舶规范》（2023版），在规范中对智能船舶的设计与检验要求进行了具体细化，并按照船舶智能集成、自主操作、远程控制功能分别授予船舶功能标志。船舶通过利用智能机舱综合状态监测装置，实时采集各种信息和数据，并对船舶机舱内的柴油机发电设备与配电系统的运行情况和实时状态进行监测、评估，为柴油机发电设备与配电系统的使用、控制和操作、维修及管理等方面提供决策支持。

对船舶机舱内相关柴油发电设备与配电系统的运行状态进行监测，采集状态监测数据，对柴油发电设备与配电系统的运行情况和实时状态进行监测、评估。根据数据分析与评估结果，提出合理建议，为柴油机发电设备与配电系统的使用、控制和操作、维修及管理等方面提供决策支持。发电系统控制室由远程控制，机舱集控站（室）可实现周期无人值班。在无人值班周期内，机舱设备及配套系统应可以连续正常运行。基于设备与系统运行状态和使用情况分析和评估结果制订相应的设备维护保养计划，作为智能机舱的补充功能。

（二）船舶机舱智能化管控对象范围

在智能机舱离港期间，除了少量的人工远程干预外，机舱将长时间无人值守。为了适应多种特殊样式的动态需求，机舱设备需要具备以下能力：首先，能够实现预置静默、低噪反潜、高速机动、正面对抗等多种特殊样式的要求；其次，能够基于多任务进行能源高效自主调度和设备自主运行；再次，还能够全面自主感知机舱设备的运行状态，一旦发生异常情况如故障，能够自主识别并及时采取诊断措施，进行自主重构恢复或降级运行，这样可以确保机舱设备在最大限度上连续、可靠地工作；最后，若发生机舱火灾、浸水等舱室损害，机舱还需要具备一定程度的自主损管功能，即在无人状态下自主处理相应问题。这些任务的实现必然要求机舱智能化，能对机舱相关的关键系统与设备以及机舱自身损害状态进行综合管控。基于上述任务需求分析，机舱智能化综合管控的关键对象至少应包括：动力系统，包括原电动机及其附属设备、轴系、齿轮箱、调距桨、推进器、控制动力源等。对于电力推进船舶，还应包括发电机、变频器、推进电机等；当配有侧推进器时，还应包括侧推进系统及其附属设备。操纵系统，包括舵机装置、液压系统等。电力系统，包括柴油发电机组、主配电板、配电柜、蓄电池、充放电系统、不间断电源、主干电缆等。管网系统，包括燃油管路、滑油管路、海水管路、淡水管路、通风管路等管系，泵、电动机、阀件等。其他系统，包括视频监控系统、结构监测设备、灭火系统、消防泵系统、遥控门系统等。

（三）船舶机舱智能化能力目标设备

1. 高可靠、高集成度、高智能化的机舱设备

当前，机舱系统及其设备搭载的传感器数量和种类有限，仅能获取有限的状态信息。为了实现更全面的状态感知，比如对油液质量监测的需求，必须通过外部安装接触式或非接触式的传感设备来扩展感知维度。然而，这种后期加装的传感器存在兼容性差、部署复杂等问题。另外，在恶劣的机舱环境下，外部加装的传感器易受到性能退化的影响，从而直接影响状态监测的准确性。此外，传统机舱设备设计的主要面向有人舰船，其结构松散、自动化程度低、控制精度差，如果继续使用这类机舱设备，则面临着无人化和智能化接口改造困难以及高昂的代价问题。因此，对于高可靠性、自持性和强交互需求的智能机舱，需要进行设备级优化设计，使其具备高度集成、封装优化以及智能交互的特点。即通过提高集成度来提高设备可靠性，通过封装优化来降低接口复杂度，并通过智能交互实现设备的自我感知和自主智能控制。

2. 高可靠、基于冗余／简化的机舱系统重构设计

机舱设备种类繁多、数量众多、环境复杂。有人舰船通常会设置专门岗位来负责维护和修复舰船设备。而对于智能机舱来说，尽管舰员生活所需的机舱设备大幅减少，但系统的可靠性要求却更高。因此，需要综合考虑对机舱内的动力系统、电力系统、管网系统等进行冗余、简化等整体重构设计。具体做法包括缩短功能实现路径、增加功能冗余旁路、控制动力源电气化等，以减少故障概率、增加恢复路径，提高机舱的本质可靠性。在故障发生时，能够快速实现自我保护和自主隔离，将功能损失降到最低限度。

3. 全面、准确的机舱整体运行态势智能感知能力

为了及时、准确地掌握机舱运行状况，智能机舱必须具备全面的态势感知能力。通过设备主动上报和外置监测等手段，对关键设备、系统和机舱自身状态进行基本物理特征监测，包括振动参数、热力参数、声学参数、火灾探测信息、图像信息和管路泄漏等方面。机舱智能大脑可以部署在全舰任务控制系统的计算决策中心，并通过多种算法进行数据分析，包括数学机理模型、时域频域分析、专家系统、关联融合分析、故障模式识别、深度学习和

支持向量机等。通过对监测数据进行预处理和特征提取，机舱智能大脑可以自主评估机舱运行状态的态势融合，预判重要设备的潜在故障趋势，并对已发生的故障进行诊断定位，实现机舱设备、系统和舱室的综合态势感知和认知分析。

4. 自主、协调的机舱系统自主运维能力

在《智能船舶规范》（2020年）中，对智能机舱的要求是实现AUT-0，即要求实现周期性无人值守，并且单点故障不应影响其功能的实现，但对机舱的智能化自主运维，有进一步的要求。首先，关键系统和设备需要具备较完备的自动控制能力。例如，重要设备如主机和辅助系统可以在没有人工干预的情况下自动启停，机舱温度可以根据工作状态自动调节，消防喷淋装置可以按顺序启停等。其次，机舱的智能大脑需要具备任务规划能力，可以根据任务切换、航姿调整等不同目标要求来执行机舱系统的任务规划，生成各种设备的控制指令，并自动地对机舱内的设备进行综合调度控制，以保证机舱系统的自主协调运行。当发生故障或预测到故障即将发生时，机舱的智能大脑应具备应急处理和自主决策的能力，可以根据预设的策略库、决策树等方式，自主地对故障节点进行重启、隔离或降额恢复，以最大限度地确保任务的连续性。为了安全性考虑，机舱系统还应配备应急控制系统，以便在紧急情况下可以通过全舰任务控制系统、岸基控制站等直接下达控制指令。

5. 及时、有效的机舱自主损害管制能力

在智能机舱的航行和特殊任务中，可能会发生突发的火灾、浸水等损害风险。因此，智能机舱需要具备自主损害管制的能力，这是智能机舱实现智能化的重要特征之一。当机舱的态势感知系统通过综合分析图像、烟温火警、舱室温度和浸水报警等多维损管监测信息后判断出机舱正在遭受损害威胁时，智能机舱应该能够立即做出相应的损管决策，生成相应的损管方案，并启动机舱内的灭火系统、消防泵、舱底水阀、防火门和水密门等装置，协调并完成自主损害管制，及时控制损害情况的恶化。

6. 实时、可靠的人机跨域协同管控能力

航行期间，岸基和指挥舰等远程控制站需要通过外部通信系统实时、可靠地了解智能机舱的动态情况，并下达任务指令，必要时进行远程干预，以实现跨域的人机协同管控。重要的机舱监测数据和态势感知结果应该安全可

信地发送至岸基控制站，供岸基控制站人员实时评估。同时，在船只靠港后，岸基人员还可以对存储的机舱历史数据进行二次离线深度分析。岸基控制站拥有最高的控制权限，可以根据任务需求，可靠且及时地向智能机舱任务控制系统下达特定任务指令，智能机舱根据指令进行任务规划和协调控制。必要时，控制站还可以直接对关键设备和系统进行人工远程操作。此外，控制站还需要具备良好且可靠的人机交互能力，例如构建基于机舱数字孪生技术的机舱可视化管控平台等。

（四）船舶智能机舱构建的应用前景及意义

随着科技的不断进步，新型的传感器技术不断涌现，为智能机舱的发展提供更准确、更可靠的监测数据。云计算与大数据的应用。随着云计算和大数据技术的发展，未来的智能机舱将更加依赖于这些技术来实现对海量数据的处理和分析，以提供更准确、更及时的决策支持。人工智能和机器学习技术的发展将推动智能机舱向更高层次发展。未来的智能机舱将更加依赖这些技术来实现对设备故障的精准预测和预警。行业标准的制定和完善。随着智能机舱技术的不断发展，相关的行业标准也将不断制定和完善。这些标准将为智能机舱的设计、制造和应用提供指导和规范。网络安全与隐私保护。随着智能机舱技术的应用越来越广泛，网络安全和隐私保护问题也将越来越受到关注。未来的研究将更加注重如何提高智能机舱的网络安全性能和保护用户的隐私数据。

智能船舶机舱的应用通过智能船舶机舱的实时监控和预警系统，可及时发现并排除机舱设备故障和潜在风险，降低事故发生风险，提高船舶和船员的安全性。提高运营效率。借助智能船舶机舱的自动化和数据分析能力，优化机舱设备的运行效率和维护计划，降低运营成本和停航时间，提高船舶运营的效益。保护环境减排。通过智能船舶机舱对能源的精细化管理和优化，减少燃油的消耗和环境污染物的排放，实现船舶运营的可持续发展和环境保护。推动航运业创新。智能船舶机舱作为航运业创新的重要一环，将为航运业的现代化转型和发展提供新的动力和机遇。

船舶智能机舱是船舶工业发展的重要趋势之一。它通过集成先进的传感器技术、监控系统、智能算法和数据处理技术，实现对船舶各系统的实时监测、控制和优化。随着技术的不断进步和应用范围的不断扩大，未来的船舶智能机舱将更加依赖新型的传感器技术、云计算和大数据技术、人工智能和机器学习技术等来实现更高效、更安全、更经济地运行。同时，随着行业标准的制定和完善以及网络安全和隐私保护问题的关注度不断提高，船舶智能机舱的发展将迎来更加广阔的前景。

二、基于智能数据的散货船智能系统设计案例

（一）项目背景

智能船舶系统正逐步应用到实船项目中。本项目开发的智能船舶系统思路从设计到实船应用的综合性分析和基于船厂角度的智能化应用功能的设计，采用"1平台+N应用"的框架，基于实船设备配置和应用功能需求，分别对系统架构、数据采集传输、系统设计、功能应用等方面进行了研究；并以某61 000 t散货船为研究对象，实现了船舶营运数据的自动采集、传输和处理、运营状态的实时监测，以及船舶营运数据的分析；最后提出改善船舶运营及设计的有效措施。

（二）智能应用平台设计

智能船舶系统设计主要考虑船端运营和岸端管理应用，通过卫星通信系统实现船端和岸端系统互联互通。从船舶运营管理角度出发，船舶智能化功能主要关注两个方面：提高船舶运营的管理效率和降低船舶运营的能耗。基于此，系统分为船端系统应用平台和岸端系统应用平台。

船端系统应用平台包含以下功能模块：船舶能效监测模块，主要用于监测船舶运行时的实时船舶能效营运指数（EEOI）值、单海里油耗等能效参数；油耗监测模块，主要用于监测当前燃油存量、消耗量和各设备油耗状态；纵倾优化功能，主要用于优化船舶浮态，降低船舶航行阻力，从而减少船舶油耗；主机性能评估模块，主要用于监测船舶主机各系统运行状态，对异常运行情况发出报警并提供维护建议；报告管理模块，利用自动采集船舶设备运行参数，定期向岸基指定位置发送报告信息。

岸端系统应用平台包含以下功能模块：远程监控模块，主要用于实时监测船舶设备运行状态，辅助岸基船队运营管理；历史数据模块，主要用于分析一段时间内的船舶航行、外部环境等数据；性能分析模块，通过对船舶长期运行数据的积累，分析船舶不同时期航行性能的变化。随着船舶运营数据的积累，可通过岸端系统平台分析船舶系统设计与实际运营的偏差，为改善船舶设计提供支撑。

（三）数据采集与传输

根据上述功能设计，系统主要采集的导航设备信号和机舱设备信号，降低了设备成本，系统设计考虑尽量重复利用现有传感器数据，从各处集中控制站中采集数据。61 000 t散货船配置综合导航系统、机舱监测报警系统和主机控制系统。综合导航系统通过雷达集成所有导航设备数据并集中送出。该接口为RS422接口，采用IEC 61162-1通信协议。系统通过该接口既可以将内部导航信号统一打包送出，又能形成有效的网络隔离，防止外围系统对船舶导航系统内部网络造成网络威胁。主机控制系统内部采集主机爆压、压缩压力等重要燃烧参数。由于该系统本身与机舱监测报警系统有数据交互，因此，应将主机控制系统的所有数据送入机舱监测报警系统；机舱监测报警系统再将主机、发电机、锅炉等设备的数据打包送出。

IEC 61162标准是船舶导航及无线电设备数字接口标准，其中：IEC 61162-1/2是对串行接口通信标准的规定，IEC 61162-450是对以太网通信的规定。串行通信协议中定义了不同信息对应的固定通信语句，如VBW代表对水速度信息。VDO/VDM是用于传送船舶自动识别系统信息的语句，包括自身船舶信息和周围船舶信息。但是，通过IEC 61162-2标准解析出的结果是封装后的信息，需要根据ITU-RM.1371协议，经过6位ASCII码表转换，才能解析出对应的船舶信息。

电子海图主要采集规划好的航路信息。不同厂家采用的通信协议格式会有不同。本船电子海图根据IEC 61162-450标准UDP组播协议传输航路信息文件，文件格式为IEC 61174标准中的XML格式，包含航路转向点经纬度信息及转向等信息。

（四）系统设计

1. 系统网络架构

船端系统主要包括数据采集箱、系统服务器和客户端。数据采集箱包含信号转换单元和网关防火墙，实现不同信号接口的转换和内外网络的隔离。系统设计采用浏览器服务器（B/S）架构，服务器主要用于系统数据采集、存储和功能应用的计算。客户端主要用于系统应用的前端显示和交互。同时，系统接入船舶局域网，通过系统账户，在局域网内部可随时访问智能船舶系统，极大地拓展了系统的灵活性。

2 数据库设计

智能船舶系统涉及大量的数据处理与分析。数据库的设计既要满足不同功能的需要，又要考虑大量数据处理时系统的响应速度。同时，考虑到随着技术的发展，新的智能应用功能会不断增加，所以数据库的设计需要考虑系统的可配置性及功能的拓展性。基于以上考虑，数据库表主要分为以下3类：原始数据表：用于保存实时采集的船舶运行数据。考虑到部分应用对数据实时性、数据量的要求不同，按照存储周期对原始数据表进行分类。根据功能及查询时间长度，自动匹配到相应的表中进行数据查询。基础参数表：保存船舶基础参数，包括船舶主要参数（舱容信息、船舶性能信息等）和设备参数（主机发电机油耗信息、辅机台架试验和海试运行数据等）。界面交互表：用于后台计算与前端数据显示的交互接口，根据不同功能页面设置对应的交互表。

（五）智能数据应用

1. 能效监测

船舶能耗直接关系到船舶的实际运营成本，始终是船东重点关注的内容。本船主要能耗设备为主机、发电机和锅炉。主机和发电机共用燃油供给系统，在燃油总管和发电机燃油进出口管路上分别安装体积式流量计。锅炉为独立燃油供给系统，在燃油供给管路上安装体积式流量计。

2 纵倾优化

船舶纵倾的变化对船舶的阻力和推进性能有一定的影响，在实际航行过程中，采用最佳纵倾航行能够有效降低船舶的营运能效。纵倾优化主要基于船舶实际航行性能数据库，以最小主机功率为优化目标，给出船舶最佳纵倾的建议。借助系统对航行数据的自动采集的优势，能够对大量的航行数据进行处理，在考虑气象的前提下，获得船舶在不同吃水、航速、纵倾条件下船舶需要消耗的主机功率，建立包含船舶吃水、速度、纵倾和功率的船舶运动模型数据库，系统根据船舶当前吃水和设定航速给出纵倾优化建议，以降低船舶的营运能效。

3. 主机性能分析

船舶主机是船舶最重要的设备，且系统复杂，参数众多，一直以来是船舶维护管理的重中之重。系统首先根据主机试车、试航数据建立理论数据模型；在船舶运行当中，实时监测主机各系统运行参数，并结合气温（环境温度）、冷却水温度等环境参数将系统运行参数修正到理论模型相同条件下。当实际运行数据与理论运行模型偏差超出阈值时，系统发出报警，同时结合专家知识库，给出维护建议。

4. 性能分析及预测

在IMO强制的船舶营运碳排放强度（CII）评价体系下，将船舶划分为A～E 5个等级。如果船舶的CII等级较差，船舶就必须进行相关的整改计划，并且纳入船舶能效管理计划（SEEMP）中。系统能够自动对船舶航行数据进行采集、处理及分析，实现对船舶航行性能的实时监测，并对航行数据进行积累，形成船舶航行数据库。在此基础上，实时监测船舶的CII等级。通过对气象数据的解析，可以实现未来对CII等级的预测。当CII等级较差时，可以提前采取相关措施，以提高船舶的年度CII等级。提高CII等级的措施包括坞修建议、纵倾优化、航速优化和航线优化等。以坞修建议为例，按照ISO 19030-2：2016中推荐的方法，本船经过数据处理后，排除了异常数据及外界因素对船舶性能分析的影响。通过数据拟合，对比当前时间段船舶性能（如速度损失）与前一段时间的数据，得到了速度损失的变化。船员可以根据分析结果及CII预测结果，合理安排坞修时间，以提高CII的等级。对于船舶设计者来说，船舶实际的营运性能是评价船舶设计优劣最直观的体现。通过本系统，可以对船舶航行数据及分析结果进行积累及整合，由此了解船舶在不同吃水、航速、外界环境等条件下的实际性能，并最终反馈到新船设计中。

（六）案例应用的意义

利用船舶智能化系统，能够对船舶进行智能化辅助管理及智能能效分析。本文基于61 000 t散货船阐述了船舶智能系统的设计思路、系统架构和应用功能等，开发了智能船舶管理平台。研究表明：一方面，通过船厂技术积累与信息技术的结合，可实现对船舶运营管理支持的延伸服务；另一方面，利用船舶实际运行数据的反馈，可以优化船型设计、设备选型等，实现船舶设计、运营、反馈优化的良性循环。

三、总结案例可复制性

总结成功案例的关键因素，在技术创新方面，成功案例都采用了先进的技术手段，如大数据、人工智能等，实现了船舶运营和管理的智能化和高效化。基于数据驱动，数据在船舶运营和管理中起到了核心作用。成功案例都建立了完善的数据收集、处理和分析体系，为船舶的决策和优化提供了科学依据。政策支持，政策环境对船舶智能数据应用的推广和应用具有重要影响。行业合作，船舶智能数据应用涉及多个领域和行业，需要跨领域的合作和协同。成功案例往往与供应商、客户、港口等各方建立了紧密的合作关系，共同推动船舶行业的智能化发展。持续改进，成功案例都注重持续改进和优化。他们不断收集和分析运营数据，根据数据反馈调整和优化运营策略，以提高船舶的能效水平和运营效率。

从船舶数据采集到应用的全过程

一、船舶数据从采集到应用

（一）数据采集到应用各阶段介绍

数据采集，是船舶智能数据应用的首要步骤。在这一阶段，通过使用各种传感器和图像采集设备，如温度传感器、压力传感器、工业摄像头等，实时捕获船舶运行过程中的关键数据。这些数据包括船舶的位置、速度、航向、机舱设备的工作状态等。数据采集的准确性和实时性对于后续的数据处理和应用至关重要。数据预处理与存储阶段，在数据采集完成后，需要对原始数据进行预处理和存储。数据预处理包括对数据进行清洗、去噪、转换等操作，以确保数据的准确性和一致性。然后，将处理后的数据写入船端数据库中进行存储。船端数据库通常采用关系型数据库或实时数据库，以支持高效的数据检索和查询。数据传输与接收阶段，由于船舶通常处于海上等偏远地区，船岸之间的数据传输成了一个挑战。在这一阶段，通过海事卫星等通信手段，将船端数据库中的数据实时传输到岸端数据库。岸端数据库负责接收、存储和管理从船舶传输过来的数据，为后续的数据处理和分析提供数据源。数据处理与分析阶段，在岸端接收到数据后，需要进行进一步的数据处理和分析。这包括数据融合、特征提取、模式识别等操作，以提取有价值的信息和规律。数据处理和分析的目标是将原始的船舶数据转化为对船舶运营和管理有价值的决策支持信息。数据应用与决策支持阶段，经过处理和分析的数据将被应用于船舶的运营和管理中。在航海避碰决策系统中，可以利用数据融合技术估计会遇双方船只的会遇态势，并得出船舶间碰撞危险程度估计。在船舶故障诊断中，利用数据融合技术实现故障的综合诊断。数据还可以用于船舶安全监控、经营决策等方面，为船舶的安全航行和高效运营提供有力支持。

（二）船舶数据管理标准化必要性

通过以上几个部分的详细论述，我们可以看到船舶数据采集到应用的全过程是一个复杂而精细的过程，需要综合运用多种技术和方法，以确保数据的准确性和实时性，为船舶的运营和管理提供有力支持。

随着船舶的智能化发展，必将迎来海量的船舶数据。挖掘并合理应用这些数据必将提高船舶的智能程度，同时能给企业带来巨大的经济效益。船舶智能化之后，航运企业拥有的船舶营运数据是一笔宝贵的无形财产，如何对其进行合理管理，使其转化为高质量的数据是目前亟须解决的问题。智能船舶的发展需依靠很多科研单位、航运企业和学校共同参与。但不同单位开发的船舶智能产品采用的部件有所不同，由此会给数据采集处理和储存带来一系列数据质量问题，比如缺失属性或属性不一致、数据不够完整、数据不准确和数据重复等。这些问题的存在会使那些依靠数据所做的决策和分析结果不可靠或出现重大偏差，有时会给船舶经营单位带来重大经济损失，最终造成人们对船舶智能产品不信任。另外，若各种应用系统产生的数据独立存储，形成数据孤岛，各类型数据将无法进行统一、管理和整合，从而对实现数据的快速共享和有效利用形成制约，同时会给未来大数据的应用带来不利影响。另外，由于设备系统建设厂商、建设年限和标准不同，系统之间缺乏统一的技术与应用支撑框架，大多相互独立，业务协同性较差。不同系统的数据内容、数据格式和数据质量千差万别，给数据共享、管理和利用带来了很大困难，原因主要是缺乏对数据的标准化管理。随着科学技术的进步，船舶智能化程度进一步提高，船舶行业原有的很多经验和规则会阻碍船舶智能化的发展，需进行重新研究和修改，使之成为智能发展的推动力。制定船舶行业数据标准、智能船舶数据分类分级方法、数据质量的要求和数据的安全要求将使得整个行业形成合力，各智能系统之间互通，推动对技术和产业的发展。

二、以船舶能效监测系统的构建场景为例介绍数据采集应用全过程

（一）背景介绍

随着世界经济一体化发展，船舶行业面临严峻的节能减排形势。为了让船东了解船舶实时状态，基于大数据技术提出了一种船舶能效监测系统的软件架构。基于该架构设计了船舶能效智能监测系统，系统实现了对船舶数据的采集和在线监测，并通过海事卫星或4G网络与岸端系统保持同步更新，实现船岸信息共享，岸端系统能实现对船舶航行状态、油耗、功率等的分析。最终智能监测系统实现基于大数据的能效智能决策，从而为航运企业创造新的价值。

随着国际海事组织（IMO）海上环境保护委员会（MEPC）会议对提高船舶能效的技术性和操作性措施讨论的升级，关于船舶燃油消耗数据收集机制的讨论也日益升温。船舶燃油消耗数据收集机制要求在船舶营运过程中，监测反映船舶能效的各项参数，并对监测结果进行报告，由第三方验证机构核查报告并发放合格证明。国内外对船舶能效的研究，主要集中在公式的适用范围、参考线公式以及为减小新造船能效数值所采取的节能措施上面。面对即将强制实施的MRV机制，目前市场上并没有相应的完善且实用的监测和报告系统。自主研制船舶CO_2排放监测、报告和验证（MRV）系统，可以为将来MRV机制的实施提供技术支持，对于促进航运业的技术进步、抢占MRV研究的制高点等方面具有重要意义。本文综合集成计算机应用、传感器、数据采集、Modbus总线、远程传输、大数据处理、数值计算分析、统计回归分析等技术，提出了一种基于大数据技术的船舶能效监测系统的软件架构。基于此架构，主要完成岸端系统总体框架及部分模块的开发和船端系统及岸端系统部分模块的开发，实现对船舶轴功率、轴转速、主辅机油耗、风速风向、GPS、主机监测报警系统数据等主要设备参数的自动实时采集、在线监测；并通过海事卫星或4G网络与岸端系统保持同步更新，实现船岸信息共享；建立船舶航行状态数据库，实现对船舶航行状态、油耗、功率等的分析；为航运企业提供船舶排放控制区（ECA）预警、能效分析及报表管理服务，最终实现基于大数据的能效智能决策，从而为航运企业创造新的价值。

（二）系统功能分析及总体架构

EEOI（国际海事组织MO提出的船舶营运能效指数评价指标）根据一

个航次或者多个航次的数据统计得出，需要对船舶航行及在港停泊期间船舶主机、副机、锅炉等所消耗的所有燃料油量进行统计。对此本监测系统的目标包括，能效监控及计算分析，本系统需能够对船舶进行能效监控，可实时记录并显示船舶航速、轴功率、燃油消耗量、主机输出功率等数据，并计算EEOI指数，可在指定时间范围内生成报表（每海里油耗、每运输功油耗、每海里CO_2排放及每运输单位CO_2排放）。船舶状态以及主辅机等状态监控，本系统可以完成对船舶状态的实时监控，可实时完成对主机、辅机、锅炉等耗能设备的功率、压力、温度、燃油消耗量的监测和记录，可在指定时间范围内生成报表（燃油小时消耗量、日消耗量等）。船舶航行期间海洋环境参数记录，本系统可以完成对相对风速风向的实时显示和记录，并根据船舶航速航向，计算实时真实风速、风向；对气温、气压、水深等自然环境实时记录，并根据用户要求生成报表（指定时间范围内）。

系统总体架构采用船端系统+岸端系统的方式进行建设，船端系统部署在每条需要监测的船舶上。岸端系统部署在岸端系统应用服务器上。每个船端系统通过海事卫星或4G网络实现与岸端系统的通信，船端系统采用基于C++的C/S架构进行设计，船端系统基于总线技术实现船舶设备参数的采集，包括主机、辅机、风速仪、燃油流量计等设备，船端系统可实现实时数据的采集、展示预警等功能，并能与岸端系统进行连接，将实时数据传递到岸端系统。岸端系统采用基于PHP的B/S架构的Web系统进行设计，实时接收来自各船端系统的数据，进行监测与存储，并提供能效分析和报表管理功能。

（三）系统组成及实现方法

1.船端系统

船端系统由数据采集模块、数据处理模块、数据传输模块三个核心模块组成。数据采集模块，采用基于Modbus协议的数据采集方式，将数据从Modbus总线中读取出来，Modbus协议是电子控制器常用的一种语言，通过此协议，控制器可以与其他控制器或其他控制设备进行通信。在船端安装了远程数据采集模块，使用Modbus协议进行船端数据采集。数据采集主要实现对船舶轴功率、轴转速、主辅机油耗、风速风向、GPS、主机监测报警系统数据等主要设备参数的自动实时采集、在线监测，并通过海事卫星或4G网络与岸端系统保持同步更新。数据处理模块，通过数据采集模块取得船端各设备数据，数据格式均为16进制报文数据。数据处理模块基于船舶总线数据协议，对16进制报文进行转义。数据传输模块船端通过基于TCP/IP协议的Socket通信方式与岸端系统进行数据传输。鉴于船舶上数据传输需要通过4G网络或海事卫星，对数据流量大小比较敏感，考虑传统JSON数据格式占用数据过大，采用自定义二进制文本方式进行传输。这种方式占用网络数据小，不含有冗余数据，占用带宽小，占用资源小，网络IO少，提高了传输效率。考虑到数据安全性，数据传输模块将传输数据进行加密，提高数据传输的网络安全性，最终的传输格式为加密的自定义二进制文本方式。

2. 岸端系统

岸端系统基于PHP实现，岸端系统由数据接收模块、数据监控模块、数据存储模块、能效分析模块、报表管理模块五个核心模块组成。

数据接收模块，岸端系统的数据接收模块采用基于PHP的Workerman框架。Workerman是一个高性能的PHP Socket服务器框架，其本身也是一个PHP多进程服务器框架，具有PHP进程管理以及Socket通信的模块，所以不需要依赖如Apache的其他容器便可独立运行。Worker是WorkerMan中最基本的容器，Worker可以开启多个进程监听端口并使用特定协议通信。每个Worker进程都可以独立运作，都能连接上万的客户端，并且可以处理已连接的客户端上发来的数据。

数据监控模块通过仪表盘、柱状图、折线图、数据表格等展现形式，将数据接收模块接收的船舶航速、轴功率、燃油消耗量、主机输出功率等数据进行实时展示。

数据存储模块采用MySQL数据库进行数据存储，分别建立航次管理、船舶动态、加油管理、油品切换记录、油耗管理、轴功率、燃油流量、风速流向、GPS、午报、欧盟报告、IMO报告等核心数据表。数据接收模块接收数据后通过数据存储模块接口进行数据存储。

能效分析模块为本系统的核心模块，其基于存储的数据进行能效指数的计算。计算公式来自《环保会MEPC.1/Circ.684通函：船舶能效营运指数（EEOI）自愿使用指南》：能效营运指数（EEOI）：船舶单位运输作业所排放的CO_2量，即消耗燃油所排放的CO_2与货物的数量和运输距离的比值，用来衡量阶段时期内船舶能效的高低。EEOI核心计算公式如下：一个航次EEOI的基本表达式为：平均EEOI：为船舶某段时间或多个航次运输作业所排放的CO_2量。如获得某段时间或多个航程的指数平均值，指数计算为：式中：j为燃油类型；i为航程数；FCij为在航程i中燃油j的消耗量；CFj为燃油j的燃油量与CO₂量转换系数；mcargo为客船所载货物（吨）或所做的功（TEU或乘客数量）或总吨；D为对应于所载货物或所做的功的距离（海里）。

报表管理模块基于固定格式，选择时间区间产生报表。报表包括午报、月报、季报、年报、IMO报告等。

3. 系统实现

船端系统根据船端系统框架设计，实现船舶能效智能监测管理系统的船端系统，完成了数据采集、数据处理和数据传输。在船端系统可实时查看采集到的输入数据。岸端系统根据岸端系统框架设计，实现船舶能效智能监测管理系统的岸端系统，完成了营运信息、状态监测、能效分析、报表管理等功能建设，实现了数据接收、数据存储、数据监控、能效分析等模块功能点。营运信息，船东方企业可以查看船舶的各个界面，包括航次管理信息、船舶动态、加油管理、油品切换记录及油耗管理信息，航次信息。状态监测功能，可以实现对船舶测量参数的实时显示和数据导出，支持数据以Excel格式导出。显示内容包含轴功率、燃油流量、风速流向、GPS，可以指定船舶统计时间，结合一段时间内的船舶数据进行统计分析。基于采集及输入数据进行能效分析，分析模块能支持指定船舶、不同时间段航速、燃料消耗、CO₂等维度的数据分析，可展示同一时间点内数据，能够结合特定要求，将统计信息图片导出。

4. 系统构建的意义

在当前船舶燃油消耗数据收集机制日趋重要的形势下，船舶数据驱动的能效优化系统的建设，能有效地完成船舶进出港信息、燃油消耗、载货量、航行距离、航行状态等数据的监测与记录，实现了船舶能效营运指数等数据的计算与分析，建立了完善且实用的监测报告机制与系统，对促进航运业的技术进步具有重要意义。该系统已在节能技术发展有限公司实施，系统上线以来运行良好，性能稳定，能效分析结果及时，系统在后期维护中不断进行更新，扩展功能模块，更好地满足了船运行业的需求。

三、以船舶远程运维系统的构建场景为例介绍数据采集应用过程

（一）项目背景

近几年，随着信息化和大数据技术在各行各业得到广泛应用，船舶营运数据价值挖掘备受关注。智能船舶相关技术理论（包括环境感知技术、通信导航技术和状态监测与故障诊断技术等）已得到实际应用，智能船舶研究得到了快速发展，但侧重于船舶关键设备的健康维护和预测性诊断，各主流设备的系统之间的集成度不高。另外，一些船舶受限于智能化设备的升级改造，无法长期保存运行数据，期望通过对船舶原有系统的数据进行采集，提高设备维修保养、能源消耗和航行安全等方面的管理水平。船舶营运数据通常具有多源且异构的特点，航运企业的运维需求不尽相同，这为数据的进一步分析、集成应用和系统实施带来了困难。

为解决上述问题，提出一种基于大数据平台的船舶远程运维系统。通过在岸端建立大数据平台组织管理海量船舶营运数据，利用平台分布式存储和计算等资源，根据接入的数据种类，在船舶远程运维系统功能分层结构统一框架下，为船东部署船舶远程运维系统，实现船舶系统之间和船与船之间营运信息的融合。该系统采用软件及服务（Software-as-a-Service，SaaS）模式部署，为用户提供网络搭建、软件维护和系统运维等服务，减少其在岸端购置本地计算机或服务器的投入，只需通过终端设备获得互联网数据访问权限，就可查看辖属船舶的营运情况。

（二）大数据平台架构

1. 平台架构

建立船舶远程运维大数据平台的目的是基于数据共享和信息融合原则，以互联网为载体，借助平台分布式存储、计算和运维等资源对船舶海量的结构化和非结构化营运数据进行融合，实现营运数据的集成应用，为航运企业的营运决策提供数据服务，满足其个性化需求。

虽然目前传统的船舶动力装置具有较为完整的工控系统，但各系统及设备的数据分散，可在船端加装采集及传输模块，处理多源异构的通信协议，实现现场数据采集、本地缓存、数据传输、数据测点和配置管理等功能。随着智能船舶技术的应用，一些部署有该平台的智能船舶通过该平台实现船

端各业务系统的数据集成、本地存储和船岸信息交互等功能。采集的数据主要包括：机电设备运行数据和设备健康状态数据，来自机舱监测报警系统（Alarm Monitoring System，AMS）、设备状态监测系统及其他工控设备；船舶能效数据，来自船端能效管理系统和流量计等设备；机务管理系统数据；通过全球定位系统（Global Positioning System，GPS）和船舶自动识别系统（Automatic Identification System，AIS）获取的船舶航行数据等。基于卫通和移动4G/5G通信技术，将采集的数据发送给岸端数据存储系统，通过TCP协议建立数据传输和连接规范，运用安全套接层SSL+HTTP协议实现数据加密传输和身份认证，保证数据传输的安全性。运维层建立本地云服务，进行数据存储、数据灾备和平台运维资源监控，通过主数据中心、双运营中心和双活数据中心共同保证大数据平台安全、稳定运行。根据数据内容实现船舶远程实时监测，并通过大数据平台对数据进行预处理和关联分析，给出设备健康评估、综合能效评估和机务管理分析的可视化结果，以船队或船舶营运分析报告的形式为航运企业提供营运辅助决策。可视化结果能以多种终端方式展示，方便用户及时获取营运信息，形成船舶远程运维系统的集成平台。

船舶远程运维大数据平台向用户提供基于WEB的应用软件服务，以服务的模式交付给用户，用户只需通过Internet从终端设备登录船舶远程运维系统，实时监测公司辖属船舶的营运信息，这使得航运企业在岸端能选择不投入独立服务器和复杂网络系统，在无须配置专业运维人员的条件下提高船舶运维管理能力。

2. 技术路径

船舶远程运维大数据平台在常规大数据处理的流程上，根据船舶运维应用分为船舶营运数据采集、船岸数据传输、数据预处理、数据存储与计算、数据服务和数据应用可视化6部分。

船舶营运数据的获取，主要是通过船端采集及传输模块和智能集成平台船岸信息交互等方式，对多源异构的数据进行标准化处理，并进行本地数据压缩缓存。远航船舶可通过卫通系统通信链路接入Internet，靠港区域可适配移动4G/5G通信链路。第三方数据（包括天气信息、行业信息等数据和用户行为数据）直接通过Internet获取。

在对数据进行深度挖掘之前，需对原始数据进行预处理。由于海上风浪和船舶各种设备的运行环境具有较强的复杂性，监测数据难免会有不完整或失真的情况，需对船舶监测中缺失和失真的数据进行清洗，常用的数据清洗方法有滤波去噪、去除异常值和数据插补，可使用的数据清洗ETL（Extract-Transform-Load）工具主要有Datastage、Informatica和Kettle。

数据存储和计算是数据分析、应用的基础，船舶营运大数据采用分布式存储方式存储，通过建立分布式存储机制，确保数据能持续可用、快速查询。对船舶行业、船与船之间和单船的数据进行组合、整合、聚合，通过对静态数据进行批处理、在线数据流式处理和与第三方数据交互处理等一系列数据融合处理过程，使其进一步发挥大数据的价值。

主流的大数据处理技术通常以Hadoop作为分布式系统的基础框架，解决海量数据存储与计算的问题，通过分布式文件系统HDFS（Hadoop Distributed File System）将平台架构下的每台计算机中的硬盘数据集中起来，并通过YARN软件集群控制和调度，利用MapReduce计算框架进行数据分析，大大降低大数据平台的硬件投入成本。大数据分析计算引擎Spark的出现，使得批处理性能得到更进一步的提高，流式计算框架Storm和Flink实现了真正意义上的实时分析和性能监测。大数据平台的混合架构为海量船舶营运数据的处理提供了技术可行性。

通过统一的数据服务接口提供数据应用展示服务，数据应用是船舶远程运维数据的可视化呈现，集中应用于船舶航行及机电设备运行状态远程监测、设备健康评估、船舶综合能效评估、机务管理信息和船舶营运分析中，使船舶营运数据分析结果透明化、具体化。同时，可根据管理需求检索船舶运营详细数据，为航运企业做营运决策提供数据支撑，针对营运走势给出科学预测。常用的前端开发框架有VUE、Echarts和D3等可视化插件。

（三）船舶远程运维系统设计

1. 设计思路

大数据平台解决船舶远程运维系统的共性技术问题，即营运数据的采集、传输、存储、分析和可视化；运维系统的功能框架解决船舶远程运维的个性问题。不同航运企业的运维需求、船舶特性和新旧船可接入的数据范围不同，这使得不同运维系统的功能和可视化内容千差万别。将每个船队或每艘船舶开发成相对独立的页面或系统（可单独运行和测试），每个项目（船队或单船）都遵循船舶远程运维大数据平台总体架构及功能框架，系统为不同用户提供统一的登录入口，系统内提供不同层级的数据访问接口，最终实现SaaS而不再是传统的软件开发和部署，而是为用户提供软件服务和数据服务。从技术上讲，减少系统底层代码重复开发，统一系统登录入口，便于大数据平台的集成管理；从业务上讲，船舶远程运维系统作为岸端数据中心的信息集成平台，既可对每家航运企业辖属船与船之间的营运信息进行融合，又可为同类型设备供应商提供设备运行状态数据，为提高设备质量提供数据依据。

根据上述设计思路，提出船舶远程运维系统功能分层结构设计。系统功能横向按远程监测、设备健康、综合能效、机务管理和辅助决策5类业务展开，纵向按船队、船舶和系统（或设备）功能的数据范围进行数据分层统计、关联分析和迭代验证等，最后以表格、曲线图和柱状图等二维/三维可视化形式展示。用户对象主要有：航运企业高管，以查询船队营运分析数据和船舶营运报告为主，支持宏观决策；航运企业船务管理人员，以查询船舶航行、设备运行状态和机务管理信息为主，监管船舶营运；设备供应商，以搜索设备的运行状态、健康状态和故障信息为主，提高设备的质量。

2. 功能模块

远程监测功能。通过GPS和AIS等设备获取辖属船舶的航线和航速等航行状态信息，并在地理信息系统（Geographic Information System，GIS）上显示船舶的定位信息，平台根据第三方系统获取天气和海况信息，构成船舶实时航行状态监控数据，为不同海域、气象条件下的船舶航线优化奠定数据分析基础；通过船舶机舱监测系统获取主推进设备、辅助设备和配电系统等系统或设备的实时模拟量数据、开关量数据和分级报警数据，实时显示机舱机电设备的运行状态，支持历史数据回放和历史数据趋势对比，实现对船舶机舱机电设备的远程监测，为设备健康评估提供分析数据；通过CCTV（Closed Circuit Television）系统获取船舶现场视频图像，可远程监测船舶重要区域，为船舶安全运行保驾护航。

设备健康监测。设备健康模块通过远程监测获取的设备运行数据和报警数据，并加装适当的传感器，获取感知对象（包括柴油机、齿轮箱、轴系、辅助设备和配电系统等）的状态数据，同时根据设备类型和供应商等基础信息对设备状态数据进行分类存储，通过对设备的状况进行感知、分析、特征提取和关联分析，建立不同级别的设备健康模型，实现对各设备的状态感知和健康诊断，给出设备健康评估及预测性维护建议。同时，该模块还可将设备状态数据和设备健康评估结果同步传输给设备供应商，为设备预测性维护、备品备件准备和设备质量提高提供数据支撑。

综合能效管理。岸端综合能效模块实时获取船端能效管理系统数据，对收到的航行数据、燃油消耗数据、天气数据和海况数据等进行预处理，按船型特征分类存放不同性质的能效数据。该模块提供每日航行数据分析，以及当日航行数据与相近工况下历史数据的对比分析；提供主机油耗分析、航次燃油管理和航次油耗对比；对船舶能效运营指数（Energy Efficiency Operation Index，EEOI）进行计算和评估，通过数据挖掘和一段时间的机器学习，构建相同工况下同类型船舶的船舶能效评估模型，生成与船舶能效有关的辅助决策建议。

机务管理。岸端机务管理以运营监管为核心，船端机务管理向岸端同步传输机务变更信息，岸端汇总辖属船队和船舶的设备维保执行状态、证书到期信息、备品备件库存信息、物料库存信息、安全培训信息、船员信息和航次管理信息，支持船务信息查询和数据报表生成，打破信息孤岛，辅助船务统一协调管理。

辅助决策。利用大数据平台技术对船舶营运数据进行整合，对船舶的航行状态、机舱监控、设备健康评估、船舶能效分析和机务管理进行全方位的数字化管理。通过设备健康模块诊断设备的健康状态，提供故障预警和预测维修建议；通过持续对船舶能效数据进行迭代升级，建立全船不同系统的动态能耗模型，给出航速优化、能耗分布、能效评估分析报告及同类型船舶的运营优化建议；根据设备健康度和能效评估趋势，给出船舶在设备维保、备品备件及燃料库存等机务管理方面的辅助建议，基于上述业务信息融合及数据分析结果自动生成船舶月度或年度运营报告，为航运企业船务管理人员提高管理效率提供支撑；自动生成船队运营报告，为航运企业高管做宏观决策提供数据支撑。

（四）船舶远程运维系统应用

基于上述系统功能框架设计，将该设计思路应用于某散货船公司的船舶远程运维管理中。该船公司的主要业务需求包括船舶远程监测、船舶能效管理、船员行为安全管理和航次营运收入报表管理等。在岸端搭建基于大数据平台的远程运维系统，通过Internet在计算机终端登录该系统，减少岸端运维系统的硬件投入和后期运行维护成本。

该船公司计划接入5艘船，分别为2艘内贸船和3艘远洋船。可接入的船端数据有机舱机电设备运行数据、GPS数据、能效数据、视频监控和第三方天气数据，对于接收到的多源异构数据，按不同业务单元完成数据清洗、分类和集成等数据预处理，并对其进行存储和计算，通过岸端信息融合及数据分析计算实现对设备运行效率和健康状态的评估，给出设备预测性维护建议；构建同类型船舶同工况下的船舶能效评估模型，生成船舶能效管理辅助建议；分析船员行为视频图像数据，加强对到岗、离岗和安全帽佩戴等行为的管理。

计算分析的数据结果按船队层、船舶层和系统层的数据应用要求分层呈现，并可依次生成船队和船舶的月度、季度、年度数字化运营报告，在设备预测性维护、船舶综合能效评估、船舶安全管理和运营利润管理等方面给出数据分析结果，从根本上实现船舶运维全周期、多维度数字化管理模式的转变。

（五）系统构建的意义

船舶远程运维系统通过在岸端建立大数据平台接收和存储船舶各类型数据，打通了不同数据间的关联关系，在信息融合的基础上挖掘出了系统间的数据价值，借助数字化技术提高了航运企业的运营效率和决策能力。同时，大数据平台能向用户提供平台服务、软件服务和数据服务，减少用户的硬件投入和维护成本，为船舶运营管理的数字化转型提供便捷的实施方案和解决思路。船用大数据应用还面临着很多挑战，仍需通过开展更多的实际工作解决各环节的技术问题。随着大数据时代的全面到来，船务管理模式将从独立的应用系统向信息融合的智能化系统迈进，运用数据方法的定量研究会越来越多，仍需解决和关注的问题如下：（1）船岸数据传输的技术细节需夯实，时序数据、关系型数据库和音视频数据的压缩处理和传输的稳定性需进一步提高；（2）对岸端大数据平台运维管理的要求提高，分布式存储系统的架构、分布式计算资源的配置、网络安全及数据安全等平台架构技术和运维技术还需加强；（3）随着接入的船舶营运数据越来越多，对来自不同船型、不同设备和不同业务的大数据的应用价值的挖掘还需持续进行，不断建立适应不同应用方向的数据模型。

四、总结

船舶数据采集到应用的全过程，经历了从实时数据采集、预处理与存储、船岸数据传输，到高效数据处理与分析，并最终服务于航海避碰决策、故障诊断和经营决策等多个方面，展示了船舶技术的先进性与应用的广泛性。随着大数据、人工智能等技术的迅猛发展，船舶智能数据应用将迎来新的突破。我们期待通过技术创新和流程优化，进一步提高数据采集的准确性和实时性，加强数据传输的稳定性和安全性，深化数据处理与分析的智能化和精细化，拓展数据应用的新领域和新场景。这将为船舶智能化发展提供更为坚实的技术支撑和实践指导，推动船舶行业向更高效、更安全、更环保的未来迈进。

参考文献

[1]孙燕妮，白晓军.《中国制造2025》——中国特色的强国战略[J].智能制造，2020（10）：43-45.

[2]严新平.智能船舶的研究现状与发展趋势[J].交通与港航，2016（1）：25-28.

[3]封波.智能船舶发展战略规划研究[J].船舶工程，2020（3）：1-8.

[4]陈琳，杨龙霞.世界主要造船国家智能船舶发展现状[J].船舶标准化工程师，2019（4）：10-14.

[5]中国船级社.智能船舶规范[S].北京：中国船级社，2020.

[6]工业和信息化部，交通运输部，国防科工局.智能船舶发展行动计划（2019-2021年）[R].2018.

[7]李安戈，张金梁，崔颖，等.智能船舶系统总体技术方案应用设计研究[J].船舶标准化与质量，2020（2）：57-61.

[8]廖旋，许锋.智能船舶发展现状及趋势[J].船舶物资与市场，2020（7）：1-2.

[9]余永华，杨建国，胡闹.智能机舱关键部件状态监测诊断技术研究[J].船舶，2018（增刊1）：98-105.

[10]曹博，谭松，王庚.日韩造船业智能化之路[J].船舶物资与市场，2016（4）：9-12.

[11]WANG K，YUAN Y P，YAN X P，et al.Design of ship energy efficiency monitoring and control system considering environmental factors[C]//Proceedings of 2015International Conference on Transportation Information and Safety（ICTIS），Wuhan，China.IEEE，2015.

[12]郑荣才，陶婷华，黄巍，等.船舶综合平台管理系统研究[C]//第十六届中国科协年会——分8绿色造船与安全航运论坛论文集，昆明，2014：7.

[13]孙亮清.船舶集成平台管理系统的研究与嵌入式CAN/Ethernet网关的

实现[D].上海：上海海事大学，2004.

[14]郭蒙.海洋工程船综合平台管理系统研究[D].大连：大连海事大学，2013.

[15]SAM.NACOS-5th Generation Integrated navigation and Command Systems[R].2007.

[16]Kongsberg Maritime.Integrated vessel management solutions for cruise liners[R].2007.

[17]曾晓光.日本造船的智能化突围[J].中国船检，2018（7）：36-37，107.

[18]严新平，吴超，马枫.面向智能航行的货船"航行脑"概念设计[J].中国航海，2017（4）：95-98，136.

[19]严新平，刘佳仑，范爱龙，等.智能船舶技术发展与趋势简述[J].船舶工程，2020（3）：15-20.

[20]龚玉林.船舶机舱监测报警系统的软件设计[D].大连：大连海事大学，2008.

[21]余永华，杨建国.船舶柴油机监测诊断技术研究及其应用[J].柴油机，2013（2）：1-6.

[22]王延涛，祁贝贝.船舶机舱监测的智能报警系统[J].舰船科学技术，2019（12）：187-189.

[23]孟庆宝.高度智能化的舰船机舱系统设计[J].舰船科学技术，2017（14）：130-132.

[24]中国船级社.船舶智能能效管理检验指南[S/OL].（2018-09-01）[2020-03-12].http：//www.ccs.org.cn.

[25]蔡德清，张燃，郑士君，等.中远集运船舶燃油监控系统[J].航海技术，2008（5）：57-59.

[26]王凯，胡唯唯，黄连忠，等.船舶智能能效优化关键技术研究现状与展望[J].中国舰船研究，2021（1）：181-192.

[27]尹奇志，赵光普.船舶能效数据清洗方法研究[J].交通信息与安全，2017（3）：68-73.

[28]吴军，万晓跃，孙永刚，等.在船舶"智能能效"设计时应关注的几个要点[J].船舶，2018（增刊1）：42-51.

[29]龚瑞良，夏虹，张健，等.面向智能船舶的集成信息平台设计[J].船舶，2018（增刊1）：59-64.

[30]庞宇，赵凡琪，吴骏.智能船舶集成平台的研究与设计[J].船舶，2019（5）：105-115.

[31]沈则瑾.中国研制的全球第一艘智能船舶"大智号"交付使用[J].广东交通，2018（2）：44.

[32]朱兵，翁爽.DNV GL智能船舶入级指南要点[J].船舶设计通信，2019（2）：16-20.

[33]吴笑风，许攸.海上网络安全：航运与船舶工业的跨界挑战[J].中国船检，2017（7）：42-44.

[34]张立强，陈青松，陈志飚，等.网络安全等级保护在船舶领域的应用探索[C]//2018第七届全国安全等级保护技术大会论文集，西安，2018：237-242.

[35]封波.高通量卫星时代的船舶卫星宽带接入方案探讨[J].航海技术，2019（6）：22-25.

[36]许凯玮，张海华，颜开，等.智能船舶海上试验场建设现状及发展趋势[J].舰船科学技术，2020（15）：1-6.

[37]许维明，瞿荣泽，薛国良，等.智能船舶系统研究现状及发展趋势[J].船舶，2023，34（04）：46-55.DOI：10.19423/j.cnki.31-1561/u.2023.04.046.

[38]柳邦声.船舶通信技术发展综述[J].世界海运，2020，43（10）：17-19+32.DOI：10.16176/j.cnki.21-1284.2020.10.004.

[39]王德晓.船舶计算机网络系统与网络安全管理的探究[J].水上安全，2023（14）：7-9.

[40]张虹霞.基于计算机网络的最优船舶航行航线推荐系统[J].舰船科学技术，2021，43（22）：34-36.

[41]段新华.基于计算机网络的船舶航行信息传输系统[J].舰船科学技术，2021，43（6）：61-63.

[42]逯昌浩.船舶综合监控系统的计算机网络通信技术研究[J].舰船科学技术，2019，41（8）：130-132.

[43]田池，唐吉.船舶计算机网络系统与网络安全管理[J].电子技术与软件工程，2017（20）：201.

[44]薛鹤娟.海上计算机网络防御策略的精细化技术研究[J].舰船科学技术，2017，39（8）：130-132.

[45]张伟."郑和一号"船舶引航系统在厦门港引航工作中的应用[J].中国水运：下半月，2016，16（5）：3.

[46]孙健.船舶引航中相关法律问题研究[D].中国海洋大学[2024-01-18].

[47]王惠来.厦门港引航船舶信息可视化平台在引航调度中的应用[J].珠江水运，2022（19）：3.

[48]高剑客，雷新天.船帆及航行设备：CN202021756583.8[P].CN212354367U[2024-01-18].

[49]盘粮松.关于提升智慧化引航服务效能的路径分析[J].中国航务周刊，2024（15）：45-47.

[50]李建峰，袁磊，贺磊.船舶机电设备运行状态监测及故障诊断[J].中国设备工程，2017（2）：82-83.

[51]徐小力.机电系统状态监测及故障预警的信息化技术综述[J].电子测量与仪器学报，2016，30（3）：325-332.

[52]贾广付，马春梅.浅析智能船舶设备状态监测与故障诊断[J].船舶物资与市场，2020（2）：61-62.DOI：10.19727/j.cnki.cbwzysc.2020.02.027.

[53]贺亚鹏，严新平，范爱龙，等.船舶智能能效管理技术发展现状及展望[J].哈尔滨工程大学学报，2021，42（3）：8.

[54]刘维，王凯生，李晓云.船舶配备能效智能管理系统技术研究[J].信息系统工程，2019（5）：3.

[55]赵科，丁琦.船舶智能能效管理系统设计[J].舰船科学技术，2020，42（11）：5.

[56]高梓博.船舶智能能效管理数据挖掘技术研究[D].大连海事大学，2019.

[57]赵晓冬.船舶智能能效系统解决方案研究[J].信息系统工程，2022（9）：107-110.

[58]writer786.环保会MEPC.282（70）决议（2016年10月28日通过）2016年船舶能效管理计划（SEEMP）编制指南[EB/OL].（2019-09-17）.https：//wenku.baidu.com/view/37ef64ce302b3169a45177232f60ddccda38e69a.html.

[59]中国船检.IMO航运减排大幕正式拉开[EB/OL].（2018-01-09）.http：//www.cssponline.com/plus/view.php?aid=10799.

[60]中国船级社.船舶CO_2排放监测、报告和验证实施指南 2018[EB/OL].（2018-09-13）.https：//www.ccs.org.cn/ccswz/articleDetail?id=201900001000008822.

[61]沈通，杨世知.全球碳减排背景下的欧盟MRV规则[J].中国船检，2015（11）：35-38.

[62]徐延军，王敏.基于能效管理的船舶经济航速决策系统[J].中国航海，2013，36（4）：135-138.

[63]管芳景，田志峰.基于大数据技术的监测系统的实现——以船舶能效智能监测系统为例[J].现代信息科技，2020，4（17）：55-58+65.DOI：10.19850/j.cnki.2096-4706.2020.17.017.

[64]张博.基于VeriStand技术的模拟传感器信号源软件设计[D].成都：电子科技大学，2016.

[65]胡其颖.英国节能减排政策与节能做法[J].中国科技成果，2008（16）：3.

[66]杨昆，范焕羽，欧阳光耀.基于瞬时转速的舰船柴油机多阈值诊断方法[J].船海工程，2018，47（3）：107-112.

[67]傅慧萍，杨晨俊.雷诺数对船舶阻力和伴流场的影响[J].上海交通大学学报，2009（10）：5.

[68]郑宝成.航运企业船舶能效管理措施节能分析[J].世界海运，2013，36（3）：5.

[69]夏敬停.现代船舶能效管理[J].机电设备，2024，41（1）：47-52.DOI：10.16443/j.cnki.31-1420.2024.01.010.

[70]王凯，王中一，黄连忠，等.基于大数据及人工智能的船舶能效智能优化研究综述[J].中国航海，2023，46（1）：155-162.

[71]严新平，刘佳仑，范爱龙，等.智能船舶技术发展与趋势简述[J].船舶工程，2020，42（3）：15-20.YAN X P，LIU J L，FAN A L，et al.Brief introduction to the development and trend of intelligent ship technology[J].Ship Engineering，2020，42（3）：15-20.（in Chinese）

[72]WANG K，LI J Y，YAN X P，et al.A novel bi-level distributed dynamic optimization method of ship fleets energy consumption[J].Ocean engineering，2020，197，106802：1-13.

[73] MUNIM Z H，DUSHENKO M，JIMENEZ V J，et al.Big data and artificial intelligence in the maritime industry：A bibliometric review and future research directions[J].Maritime Policy & Management，2020，577-597.

[74] LENSU M，GOERLANDT F.Big maritime data for the Baltic Sea with a

focus on the winter navigation system[J].Marine policy, 2019, 104: 53-65.

[75]CHI H T, PEDRIELLI G, NG S H, et al.A framework for real-time monitoring of energy efficiency of marine vessels[J].Energy, 2018, 145: 246-260.

[76]PERERA L P, MO B.Machine intelligence for energy efficient ships: a big data solution[C].Proceedings of the 3rd International Conference on Maritime Technology and Engineering（MARTECH 2016）, Lisbon, Portugal, 2016.

[77]申振宇.船舶主推进系统能耗分布研究及软件开发[D].哈尔滨：哈尔滨工程大学, 2016.SHEN Z Y.The study of ship main propulsion system energy consumption distribution and software development[D].Harbin: Harbin Engineering University, 2016.（in Chinese）

[78]WANG K, YAN X P, YUAN Y P, et al.Real-time optimization of ship energy efficiency based on the prediction technology of working condition[J].Transportation Research Part D: Transport and Environment, 2016, 46: 81-93.

[79]陈伟南，黄连忠，张勇，等.基于BP神经网络的船舶主机能效状态评估[J].中国舰船研究, 2018, 13（4）: 127-133, 160.CHEN W N, HUANG L Z, ZHANG Y, et al.Evaluation of main engine energy efficiency based on BP neural network[J].Chinese Journal of Ship Research, 2018, 13（4）: 127-133, 160.（in Chinese）

[80]孙星，严新平，尹奇志，等.考虑通航环境要素的内河船舶主机营运能效模型[J].武汉理工大学学报（交通科学与工程版）, 2015, 39（2）: 264-267.SUN X, YAN X P, YIN Q Z, et al.Modeling of main engine operational energy efficiency for an inland waterway ship with the consideration of navigation environment[J].Journal of Wuhan University of Technology（Transportation Science & Engineering）, 2015, 39（2）: 264-267.（in Chinese）

[81]高梓博.船舶智能能效管理数据挖掘技术研究[D].大连：大连海事大学, 2019.GAO Z B.Research on data mining technology of ship intelligent energy efficiency management[D].Dalian: Dalian Maritime University, 2019.（in Chinese）

[82]YAN X P, SUN X, YIN Q Z.Multiparameter sensitivity analysis of operational energy efficiency for inland river ships based on backpropagation neural network method[J].Marine Technology Society Journal, 2015, 49（1）: 148-153.

[83]KIM Y-R，JUNG M，PARK J-B.Development of a fuel consumption prediction model based on machine learning using ship in-service data[J].Journal of Marine Science and Engineering.2021，9（2）：137-1-25.

[84]王凯，徐浩，黄连忠，等.基于机器学习的船舶能耗智能预测方法分析[J].船舶工程，2020，42（11）：87-93.WANG K，XU H，HUANG L Z，et al.Analysis of intelligent prediction method of ship energy consumption based on machine learning[J].Ship Engineering，2020，42（11）：87-93.（in Chinese）

[85]UYANK T，KARATU A，ARSLANOLU Y.Machine learning approach to ship fuel consumption：a case of container vessel[J].Transportation Research Part D：Transport and Environment，2020，84，102389：1-14.

[86]MENG Q，DU Y，WANG Y.Shipping log data based container ship fuel efficiency modeling[J].Transportation Research Part B：Methodological，2016，83：207-229.

[87]袁智，刘敬贤，刘奕，等.基于实船数据的船舶航速与油耗优化建模[J].中国航海，2020，43（1）：134-138.YUAN Z，LIU J X，LIU Y，et al.Modeling of fuel consumption versus sailing speed based on ship monitoring data[J].Navigation of China，2020，43（1）：134-138.（in Chinese）

[88]MARIE S，COURTEILLE E.Sail-assisted motor vessels weather routing using a fuzzy logic model[J].Journal of Marine Science and Technology，2013，19（3）：265-279.

[89]WANG K，YAN X，YUAN Y，et al.PSO-based method for safe sailing route and efficient speeds decision-support for sea-going ships encountering accidents[C]// 2017 IEEE 14th International Conference on Networking，Sensing and Control（ICNSC）.IEEE，2017.

[90]ZHANG S K，SHI G Y，LIU Z J，et al.Data-driven based automatic maritime routing from massive AIS trajectories in the face of disparity[J].Ocean Engineering，2018，155：240-250.

[91]SHAO W，ZHOU P L，THONG S K.Development of a novel forward dynamic programming method for weather routing[J].Journal of Marine Science and Technology，2012，17（2）：239-251.

[92]YANG L Q，CHEN G，ZHAO J L，et al.Ship speed optimization considering ocean currents to enhance environmental sustainability in maritime

船舶智能数据建模与通信

shipping[J].Sustainability, 2020, 12（9）: 1–24.

[93]WANG K, YAN X P, YUAN Y P, et al.Optimizing ship energy efficiency: application of particle swarm optimization algorithm[J].Proceedings of the Institution of Mechanical Engineers, Part M: Journal of Engineering for the Maritime Environment, 2018, 232（4）: 379–391.

[94]YAN X P, WANG K, YUAN Y P, et al.Energy–efficient shipping: An application of big data analysis for optimizing engine speed of inland ships considering multiple environmental factors[J].Ocean Engineering, 2018, 169: 457–468.

[95]ALONSO J M, ALVARRUIZ F, DESANTES J M, et al.Combining neural networks and genetic algorithms to predict and reduce diesel engine emissions[J].IEEE Transactions on Evolutionary Computation, 2007, 11（1）: 46–55.

[96]王寰宇.远洋船舶分段航速优化及其智能算法研究[D].大连: 大连海事大学, 2018.WANG H Y.Ocean Ship segmentation speed optimization and intelligent algorithms[D].Dalian: Dalian Maritime University, 2018.（in Chinese）

[97]黄连忠, 万晓跃, 孙永刚, 等.基于模拟退火算法的船舶航速优化研究[J].船舶, 2018, 29（S1）: 8–17.HUANG L Z, WAN X Y, SUN Y G, et al.Research on ship speed optimization based on simulated annealing algorithm[J].Ship & Boat, 2018, 29（S1）: 8–17.（in Chinese）

[98]PSARAFTIS H N, KONTOVAS C A.Ship speed optimization: concepts, models and combined speed–routing scenarios[J].Transportation Research Part C: Emerging Technology, 2014, 44: 52–69.

[99]ANG K, YAN X P, YUAN Y P, et al.Dynamic optimization of ship energy efficiency considering time–varying environmental factors[J].Transportation Research Part D: Transport and Environment, 2018, 62: 685–698.

[100]ANDERSSON H, FAGERHOLT K, HOBBESLAND K.Integrated maritime fleet deployment and speed optimization: Case study from RoRo shipping[J].Computers and Operations Research, 2015, 55: 233–240.

[101]MA D F, MA W H, JIN S, et al.Method for simultaneously optimizing ship route and speed with emission control areas[J].Ocean Engineering, 2020, 202: 1–10.

186

[102]LEE S M, ROH M I, KIM K S, et al.Method for a simultaneous determination of the path and the speed for ship route planning problems[J].Ocean Engineering, 2018, 157: 301−312.

[103]ZACCONE R, OTTAVIANI E, FIGARI M, et al.Ship voyage optimization for safe and energy−efficient navigation: a dynamic programming approach[J].Ocean Engineering, 2018, 153: 215−224.

[104]WANG K, LI J Y, HUANG L Z, et al.A novel method for joint optimization of the sailing route and speed considering multiple environmental factors for more energy efficient shipping[J].Ocean Engineering, 2020, 216: 1−12.

[105]DU Y, MENG Q, WANG S, et al.Two−phase optimal solutions for ship speed and trim optimization over a voyage using voyage report data[J].Transportation Research Part B: Methodological, 2019, 122: 88−114.

[106]CORADDU A, ONETO L, BALDI F, et al.Vessels fuel consumption forecast and trim optimisation: a data analytics perspective[J].Ocean Engineering, 2017, 130: 351−370.

[107]FARAG Y, LER A I.The development of a ship performance model in varying operating conditions based on ANN and regression techniques[J].Ocean Engineering, 2020, 198: 1−12.

[108]DU Y, MENG Q, WANG S, et al.Two−phase optimal solutions for ship speed and trim optimization over a voyage using voyage report data[J].Transportation Research Part B: Methodological, 2019, 122: 88−114.

[109]CHAAL M.Ship operational performance modelling for voyage optimization through fuel consumption minimization[D].Malmo: World Maritime University, 2018.

[110]UYANK T, KARATU A, ARSLANOLU Y.Machine learning approach to ship fuel consumption: A case of container vessel[J].Transportation Research Part D: Transport and Environment, 2020, 84: 1−14.

[111]YANG L, CHEN G, RYTTER N, et al.A genetic algorithm−based grey−box model for ship fuel consumption prediction towards sustainable shipping[J].Annals of Operations Research, 2019: 1−27.

[112]FAN A L, YAN X P, YIN Q Z.A multisource information system for monitoring and improving ship energy efficiency[J].Journal of Coastal Research,

2016，32（5）：1235-1245.

[113]严新平，刘佳仑，范爱龙，等.智能船舶技术发展与趋势简述[J].船舶工程，2020，42（3）：15-20.

[114]陈琳，杨龙霞.世界主要造船国家智能船舶发展现状[J].船舶标准化工程师，2019（4）：10-14.

[115]刘昌勇.智能船舶技术发展与趋势简述[J].中国水运，2021（7）：83-85.

[116]翁雨波，刘碧涛，桂傲然.智能船舶发展优势及挑战分析[J].船舶标准化与质量，2019（1）：42-47.

[117]刘微，尚家发.智能船舶发展现状及我国发展策略研究[J].舰船科学技术，2017，39（21）：189-193.

[118]初建树，曹凯，刘玉涛.智能船舶发展现状及问题研究[J].中国水运，2021（2）：126-128.

[119]屠海洋.智能船舶数据管理标准研究分析[J].船舶与海洋工程，2023，39（5）：49-54.DOI：10.14056/j.cnki.naoe.2023.05.009.

[120]严新平.智能船舶的研究现状与发展趋势[J].交通与港航，2016，2（1）：25-28.

[121]战翌婷，曾骥.大数据支持下船舶智能运维的实现[J].上海海事大学学报，2019，40（2）：62-66.

[122]洪学武，李军，曾骥，等.基于数字孪生的船舶远程运维系统分析[J].船舶物资与市场，2021，29（7）：17-20.

[123]中国船级社.智能船舶规范[EB/OL].（2020-03-01）[2021-11-05].https：//www.ccs.org.cn/ccswz/specialDetail?id=201900001000009739.

[124]周毅，李萌，张海涛，等.船海一体化数据管理系统的网络安全技术[J].船海工程，2021，50（3）：73-76.

[125]杜尊峰，陈香玉，曾晓光.船岸一体化关键技术发展现状和建议[J].港口科技·港口管理，2020（3）：39-43.

[126]陈昌运，李传庆.船舶营运大数据挖掘与应用思考[J].船舶与海洋工程，2015，31（1）：5-8.

[127]程学旗，刘盛华，张儒清.大数据分析处理技术新体系的思考[J].中国科学院院刊，2022，37（1）：60-67.

[128]李弘，黄滔，李文荣.基于大数据平台的船舶远程运维系统[J].船舶与海洋工程，2023，39（6）：56-61.

[129]中国船级社（CCS）.智能船舶规范2023[S].北京：中国船级社（CCS），2023.

[130]中国船级社（CCS）.智能船舶规范2020[S].北京：中国船级社（CCS），2020.

[131]郭晟江，郑庆国.智能船舶的轮机管理研究[J].船舶工程，2023，45（4）：44-49，57.

[132]杨海婷，陈顺洪，陈万宏，等.某旧船机舱智能化改造方案研究[J].广东造船，2023，42（3）：55-58.

[133]胡嘉.船舶机舱典型设备声发射故障诊断方法研究[D].武汉：武汉理工大学，2023.

[134]李国祥，王海燕，陈晓东.基于数字孪生技术的船舶智能机舱[J].中国船检，2023（1）：52-54.

[135]罗杰.海上船舶智能机舱综述[J].化工管理，2024（11）：1-3+26.

[136] 陈弓.基于大数据的智能船舶研究[J].江苏船舶，2018，35（1）：1-3.

[137] 杨鑫，袁科琛，刘芳.智能船舶船岸一体化系统应用[J].船海工程，2019，48（2）：45-47.

[138] 李林.基于ECDIS的AIS信息解码与显示[D].大连：大连海事大学，2010.

[139] 王晓东，马旭颖.基于SVM模型算法和大数据分析技术的船舶设备故障诊断[J].上海船舶运输科学研究所学报，2021，44（1）：49-53.

[140] 邓晓光.大型集装箱船舶营运能效系统建模仿真与分析方法研究[D].武汉：武汉理工大学，2020.

[141] 毛文雷，马宁，顾解忡.基于纵倾调整的集装箱船实海域航行阻力减少的研究[J].船舶工程，2015，37（1）：35-39.

[142]杨海建，宋洋涛，王楠.智能船舶系统在散货船上的设计应用[J].江苏船舶，2023，40（3）：1-4+60.

[143]翁雨波，刘碧涛，桂傲然.智能船舶发展优势及挑战分析[J].船舶标准化与质量，2019（1）：42-47.

[144]李源.船舶行业新技术盘点[J].航海动态聚焦，2016，188（1）：92-95.

[145]中国船级社.船舶智能规范[S].2016.[4]祁斌.智能船舶渐行渐近[J].中国船检，2015（1）：92-94.

[146]曾晓光.智能船舶发展新态势[J].中国船检，2018（1）：43-45.

[147]刘微，尚家发.智能船舶发展现状及我国发展策略研究[J].舰船科学技术，2017，39（21）：189-193.

.[148]范怀谷.智能无人船舶发展面临的问题和解决办法[J].船舶标准化工程师，2018，51（3）：16-19.

[149]郭胜童，徐凯，彭宜蔷.全球智能船舶及规范发展动向[J].中国船检，2019（4）：29-34.

[150]沈则瑾.中国研制的全球第一艘智能船舶"大智号"交付使用[J].广东交通，2018（2）：44.

[151]严新平，柳晨光.智能航运系统的发展现状与趋势[J].智能系统学报，2016，11（6）：807-817.

[152] ANG J H, GOH C, CHOO C T, et al.Evolutionary Computation Automated Design of Ship Hull Forms for the Industry 4.0 Era[C]//2019 IEEE Congress on Evolutionary Computation.2019.

[153] SAID O, MASUD M.Towards Internet of Things: Survey and Future Visions[J].Computer Science Journals, 2013, 5（1）: 1-17.

[154] AKPAKWU G A, SILVA B J, HANCKE G P, et al.A Survey on 5G Networks for the Internet of Things: Communication Technologies and Challenges[J].IEEE Access, 2018（6）: 3619-3647.

[155] JELIC M, RADICA G, RACIC N, et.al.Developments in Marine Hybrid Propulsion[C]//2021 6th International Conference on Smart and Sustainable Technologies, 2021.

[156]祝能，陈实，蔡玉良，等.传感器数据在船舶数字化中的应用价值与挑战[J].中国造船，2019，60（3）：209-223.

[157]杜建，李宁，赵亮，等.智能船舶发展若干问题的思考与建议[J].中国海事，2023（4）：45-57.

[158]潘虹.智能船舶监管法律问题研究[D].辽宁大连：大连海事大学，2020.

[159]章佳丽.自动驾驶汽车事故中的民事责任认定研究[D].上海：上海交通大学，2019.

[160]王思.船舶信息安全管理[J].中国新通信，2019（6）：2.

[161]李越曌，郑卓，吴拓，等.工业4.0时代智能船舶发展趋势与挑战[J].船舶工程，2023，45（S1）：224-229.